As Cidades de FREUD

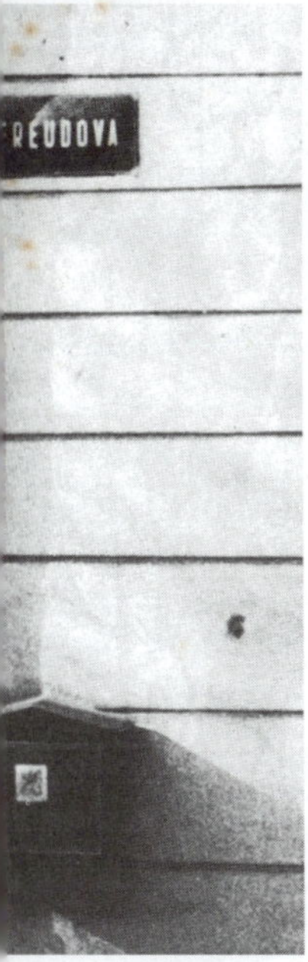

Transmissão da Psicanálise
diretor: Marco Antonio Coutinho Jorge

Giancarlo Ricci

As Cidades de FREUD

Itinerários, emblemas e horizontes de um viajante

Tradução:
Eliana Aguiar

Revisão Técnica:
Marco Antonio Coutinho Jorge

Jorge Zahar Editor
Rio de Janeiro

Título original:
Le città di Freud
(Itinerari, emblemi e orizzonti di un viaggiatore)

Tradução autorizada da primeira edição italiana
publicada em 1995 por Jaca Book,
de Milão, Itália

Jorge Zahar Editor Ltda.
rua México 31 sobreloja
20031-144 Rio de Janeiro, RJ
tel.: (21) 2240-0226 / fax: (21) 2262-5123
e-mail: jze@zahar.com.br
site: www.zahar.com.br

Capa: Miriam Lerner

CIP-Brasil. Catalogação-na-fonte
Sindicato Nacional dos Editores de Livros, RJ.

Ricci, Giancarlo
R389c As cidades de Freud: itinerários, emblemas e horizontes de um viajante/Giancarlo Ricci; tradução Eliana Aguiar; revisão técnica, Marco Antonio Coutinho Jorge. – Rio de Janeiro: Jorge Zahar Ed., 2005

Tradução de: Le Cittá di Freud: (itinerari, emblemi e orizzonti di un viaggiatore)
Inclui bibliografia
ISBN 85-7110-847-1

1. Freud, Sigmund, 1856-1939 – Viagens. I. Título.

CDD 921.3
05-1171 CDU 929FREUD

SUMÁRIO

PREFÁCIO

Empresa singular este livro de Giancarlo Ricci. Seu aspecto exterior tem um andamento documental e biográfico que parece esgotar-se nas "curiosidades", ainda que eruditas e preciosas. A idéia imediata que o move é seguir Freud nos itinerários de suas freqüentes viagens, recolhendo a propósito uma vasta documentação preferencialmente extraída ora de seu epistolário, ora de suas obras. São assim listadas em ordem cronológica quarenta cidades, da Freiberg natal a Londres, a cidade do exílio e do fim; podemos vê-las deslizar através do olhar de Freud e do filtro de suas contingentes preocupações profissionais e pessoais.

Fosse apenas isso, o livro não deixaria de apresentar um interesse peculiar e que não deve ser negligenciado. Antes de mais nada, porque Freud era um viajante assíduo (embora sustentasse ter sofrido, durante um certo tempo, de fobia de viagens), fosse por divertimento, fosse por razões científicas, e porque era sobretudo um viajante cheio de curiosidades humanas e culturais, atento observador das paisagens exteriores e interiores. Ricci tem razão ao notar que, por meio de suas viagens, Freud se revela um agudo intérprete de nossa contemporaneidade. Para documentá-lo bastariam (mas trata-se apenas de dois exemplos entre tantos) suas anotações sobre Paris (1885) e sobre Nova York (1909). "Parece-me", diz Freud dos parisienses, "que não são capazes nem de vergonha nem de horror, todos – homens e mulheres – aglomeram-se igualmente em torno da nudez da vida como dos cadáveres da Morgue e dos cartazes horripilantes afixados pelas ruas ... Este é o povo das epidemias psíquicas, das históricas convulsões de massa, e nada mudou desde a época de *Notre-Dame* de Victor Hugo." E sobre a experiência americana, aqui estão dois trechos de cartas para Sachs e para Jones: "A América é o mais gigantesco experimento que o mundo já viu, mas temo que não esteja destinado ao sucesso ... Sim, a América é colossal, um erro colossal." Os cartazes horripilantes invadiram cada cidade do mundo dito civilizado e nos encontramos todos empenhados, para o bem e para o mal, em levar adiante o experimento americano. A partir de seu "coração alemão-provinciano" (como, com nítida e franca inteligência, reconhece sobre si mesmo), Freud antecipou alguns traços importantes do "mal-estar da cultura contemporânea", traços aos quais nos encontramos sempre mais expostos.

Além disso, percorrer com Freud os itinerários de Freud significa entrar em contato de modo novo e original com uma das vidas mais ricas e extraordinárias de nosso tempo, revisitando suas persistentes paixões (das quais o amor pela Itália e sobretudo por Roma constituem etapas essenciais) e suas contínuas batalhas pela afirmação, difusão e defesa da psicanálise (as emblemáticas relações com Charcot, Fliess, Jung, Adler, Binswanger e outros mais recebem, de passagem, uma luz bem viva). E por fim temos as relações mais ou menos ocasionais que Freud entretém com seus contemporâneos ilustres, ou destinados a se tornarem ilustres, como, para citar alguns, Einstein, Mahler, Rilke, Lou Salomé, William James, Thomas Mann ou Salvador Dalí. Há razões suficientes para que o esforço de Ricci suscite um interesse especial. Mas isso não é tudo; aliás, é apenas a superfície da empresa.

O caráter verdadeiro do livro está, ao contrário, em uma série de referências profundas que pouco a pouco vêem à luz sob a diligente modéstia da narração; seja porque Freud não é obviamente um viajante qualquer, mas um homem movido, também e sobretudo nas viagens, por seus fantasmas internos; seja porque Ricci revela uma notável capacidade de escuta e uma feliz veia intuitiva para animar e recolher as conexões próximas e remotas que as anotações de Freud sugerem. Então, o viajar de Freud se traduz convincentemente na grande e antiqüíssima metáfora da viagem sapiencial e iniciática: dos vôos xamânicos ao mito do Odisseu, do homem sábio de Parmênides, conhecedor das cidades dos homens e das veredas da noite e do dia, às revisitações modernas do mito de Telêmaco. Freud tem consciência de estar em busca da cidade ideal do próprio projeto e de que, para tanto, terá que ousar transpor as colunas de Hércules, desafiando a proibição paterna ou, melhor dizendo, assimilando-a e deslocando seus limites para o infinito. Só assim, hesitando longamente e agindo depois num impulso, consegue aportar em Roma, ousando fazer o que Aníbal (o fantasístico antepassado e herói semita dos dias de escola) jamais conseguiu; é assim, quase por acaso, que conquista Atenas, três mil pés acima do pai e muito, muito distante das tradições de sua estirpe mosaica.

Mas Freud também sabe que uma viagem que aporta no infinito é, justamente, um viajar infinito e por essência incompleto. "O viajante sábio", nota Ricci, "é aquele que consegue olhar no rosto do infinito sem perder-se ou transformar-se em pedra." A esse respeito, Freud tem um seu mote augural: *Fluctuat nec mergitur*, flutua e não afunda. Desse modo conduziu o barco no mar não pouco tempestuoso de sua vida, assim como a bem mais complexa nau da psicanálise. Mas isso comporta a posterior consciência que ensina que a viagem, qualquer viagem, é essencialmente um ato falho. Não somente porque a cidade do projeto psicanalítico é um rastro ideal (o inconsciente é uma lógica, não um lugar, nota justamente Ricci); mas também porque viajando, ou seja, buscando, descobre-se a infinita e portanto impreenchível distância entre o procurar e o encontrar, o saber e a verdade. A esse respeito, Ricci escreve suas mais profundas observações, junto com aquelas sobre a recordação e o esquecimento, nas quais um está para o outro e em função do outro. Assim sendo, Freud pode sabiamente escrever no final da vida e de seu itinerário: "Não se deve esquecer que a relação analítica é fundada no amor da verdade, ou seja, no reconhecimento da realidade, e que tal relação não tolera fingimentos nem enganos ... . Quase parece que o analisar é o terceiro dos ofícios 'impossíveis' cujo resultado insatisfatório é previsto com antecedência. Os outros dois, conhecidos há muito mais tempo, são os ofícios de educar e de governar." (*Análise terminável e interminável*, 1937).

Ofício ou mais precisamente "arte". Ricci mostra-se particularmente atento aos numerosos testemunhos freudianos dos quais emerge a sua recusa de uma "profissionalização" e sobretudo de uma "medicalização" da psicanálise, que seriam o equivalente à sua "normalização" liquidatória. A psicanálise é a arte da palavra ("cura pela palavra", dizia Freud, no duplo sentido da palavra "cura"). Sua arte é sob certos aspectos arqueológica: justo em Roma, Freud olha para a cidade, surpreendentemente, com um olhar que hoje diríamos wittgensteiniano, isto é, como uma estratificação de épocas, de práticas, de sentidos, de "tópicas". Também o analista deve traçar mapas de territórios sepultos, desconhecidos e esquecidos, buscando indícios na superfície. Para tanto, precisa aprender a compreender a língua do inconsciente e seus dialetos, ou melhor, seus hieroglifos e suas escrituras idiossincráticas[1], movendo-se e tropeçando

[1] Sobre a relação da prática psicanalítica com os problemas conexos à prática da escrita em sentido lato (do "hieroglifo" no sentido em que Marx falava das mercadorias, ao sentido lingüístico de Saussure e à lógica da representação de Wittgenstein) remeto aos ensaios reunidos em meu livro *Il profondo e l'espressione. Filosofia, psichiatria, psicanalisi*, Lanfranchi, Milão, 1993. Toda escrita instaura uma relação triádica na qual o interpretante (o "grafista", dizia Peirce, ou o "cifrante", como prefere Verdiglione) não está fora das remissões; ele, aliás, as encarna, exibindo-as naquilo que chamo de ética da escrita – a qual é, ao mesmo tempo, uma arte da palavra.

como Édipo entre os enigmas e os signos do destino. Ou tropeçando como Jacó depois da luta com o anjo: Freud, obviamente, se lembrava; é porque perdi a luta, disse ele, que desde então só posso avançar tropeçando; assim como bem o entendeu Lacan quando escreveu (Ricci o recorda) que fracassar na causa do inconsciente "é a única possibilidade que se tem de vencê-la". A empresa psicanalítica situa-se assim entre o mito de Babel e o de Pentecostes: não lugares reais, mas justamente narrativas, práticas de linguagem e confins da palavra que encarnam a lei do dizer e fundam o sucesso de seu constitutivo ato falho; lugares impossíveis que tornam possível o habitar humano na palavra e sua viagem real e metafórica pelas sendas do viver. Freud entendeu muito bem: a prática analítica tem muito em comum com o exercício da poesia.

Carlo Sini
Universidade Federal de Milão

INTRODUÇÃO

"A geografia é capaz, a seu modo, de justiça poética", escreve Joseph Brodsky em uma página de seu livro *Do exílio*. São palavras que colocamos como epígrafe desse trabalho. As interrogativas abundam: que geografia pode, hoje, fazer "justiça poética" à aventura de Freud? De onde vem a psicanálise e sobretudo para onde vai? Que horizontes e que lugares lhe reserva o terceiro milênio?

Com o mesmo encantamento que brota quando se folheia um atlas, tentamos redesenhar o mapa dentro do qual desenrola-se a empresa freudiana: os primeiros passos, as adversidades, as orientações, os desvios, as abordagens. Avistamos trilhas, imagens, perspectivas de um explorador que adentra regiões desconhecidas. Suas viagens, que acontecem entre os últimos decênios do século XIX e os primeiros do século XX, percorrem uma Europa central antecedente e sucessiva ao primeiro conflito mundial. Cada cidade visitada transforma-se em uma etapa, uma reviravolta, uma ocasião da qual brotam idéias, pensamentos, conjecturas. Entre uma cidade e outra emergem as voltas, ora imperceptíveis, ora aparentes, ao longo das quais desenvolve-se o itinerário intelectual e científico de Freud. Às vezes, trata-se de um começo ou de um limiar a transpor, outras vezes de momentos labirínticos, desenraizantes e até inquietantes.

São quarenta as cidades consideradas, as mais significativas. Dispostas em ordem cronológica, reconduzem ao gesto originário da aventura freudiana. Iremos nos deter sobre as razões de algumas escolhas, sobre os motivos de certas pausas, sobre os pressupostos de onde emergem ensaios, temores ou vertigens. Freud nasce em Freiberg, no Leste europeu, e chega a Viena ainda criança. Como estudante e como assistente universitário percorre as capitais da ciência na época, como Paris ou Berlim. Depois de ter se afastado da neurologia e da psiquiatria oitocentistas, enfrenta o Mediterrâneo e decide realizar sua viagem a Roma e outras cidades italianas. O seu "esplêndido isolamento" termina em 1909 com as conferências na América, e depois desse momento o cenário torna-se internacional. Em seguida, viagens nas quais revisita a sua segunda Europa, a dos congressos nos quais toma impulso o movimento psicanalítico.

O que permanece da geografia? Pouco. Ela está presente enquanto rastro (e por vezes ocasião) de leves metáforas que transformam cidades, países e viagens em emblemas do itinerário freudiano. Por vezes os lugares resultam ser formas vazias. Os espaços transformam-se em pretextos cênicos. As distâncias e os horizontes, em perspectivas. Os esboços entrevistos permitem imaginar novas metas. O panorama resultante é perscrutado, quase desenhado pelo olhar de Freud: é o olhar de um dos mais agudos observadores da modernidade. E não é só isso. Seu pensamento é testemunha e sobretudo artífice de uma modernidade que deixa para trás o século XIX e consegue interrogar o mal-estar de nossa época.

Extraídas de seus escritos, da narrativa de alguns sonhos e sobretudo dos epistolários, as palavras de Freud narram os momentos inaugurais, cruciais, decisivos de seu itinerário. A paixão por aquela que ele chama de "ciência dos rastros" leva-o a encontrar até o que não procura. Tem-se a impressão de percorrer um caderno de viagem ou um diário de bordo onde pouco a pouco são anotados impressões, esboços de idéias, programas, projetos, mas também os traços indecifráveis de hieroglifos. Algumas anotações têm o rigor do protocolo científico, outras parecem forjadas por uma paixão poética e por um amor pela verdade que extraem sua força do mito. Encontramos episódios inesperados, estranhos, bizarros, curiosos, desconhecidos.

De uma outra perspectiva, esse trabalho pode parecer uma espécie de diário clínico de Freud, no qual as cidades perfilam-se como etapas de uma experiência analítica. A clínica psicanalítica desdobra-se ao longo de um trabalho do inconsciente que opera uma transformação da subjetividade. Trata-se de uma ciência da escuta, de uma arte dos recursos e de uma pragmática da abordagem. De fato, cada segmento do itinerário, ou seja, os seis capítulos do livro, é caracterizado por um estilo diferente de viagem. As cidades da infância têm um tom evocativo, naquelas da juventude ecoa um estilo rapsódico, o aproximar-se do Mediterrâneo é narrado muitas vezes de forma labiríntica. A Europa dos congressos e da organização do movimento psicanalítico é percorrida com um espírito de conquistador. Nos meses do exílio londrino caberá ao humor segurar as rédeas da indignação e permitir a redação do terceiro ensaio sobre *Moisés e o monoteísmo*.

A cidade última, ou seja, o aportar na psicanálise, é um desafio ao qual Freud se dedica por quase cinqüenta anos. A psicanálise é projetada como uma cidade sem muros e sem fortificações, como uma "fábrica do pensamento", livre para a pesquisa e governada por uma única política, a da ética. É totalmente diversa da cidade utópica ou da cidade celeste que se fundamentam no princípio de uma harmonia necessária. Se a cidade psicanalítica não tem a pretensão de ser construída de uma vez por todas é porque, segundo Freud, a natureza e a própria matéria da pesquisa excluem o ideal de completude. Isso não significa, como o positivismo muitas vezes quis fazer crer, que estamos no oposto de um critério científico.

Mais do que se demorar nos nós conceituais e teóricos do pensamento freudiano, doravante ficará evidente que esse trabalho pretende seguir os passos da aventura de um *Selbstdenker*, de um "pensador independente" que ao atravessar a cultura e a ciência do próprio tempo dedica seus esforços à invenção da psicanálise. Embora possam parecer "considerações inatuais", tentar redesenhar as etapas de uma empresa intelectual única, muitas vezes desconhecida e francamente hostilizada, parece-me algo extremamente "atual". No curso de sua pesquisa, Freud se situa voluntariamente na posição de quem não tem nenhum débito a pagar. Ao mesmo tempo não tem nada a perder. Não se precipita buscando reconhecimentos ou edulcorando suas teses em troca de uma maior "popularidade", nem se preocupa em circunscrever sua teoria em um sistema orgânico completo. Ao contrário: indica os pontos de fuga, as zonas de sombra, as incertezas. O saber do inconsciente é um saber sem moradia fixa. Diante de "grandezas de difícil apreensão", prefere assinalar a presença inquietante do enigma a esquivar a dificuldade.

Toda tentativa de colocar Freud em um determinado âmbito (humanista ou científico) resultou inadequada, limitativa, desviante. É justamente essa impossibilidade que o torna ainda hoje um "intelectual" anômalo, certamente incômodo, se não definitivamente embaraçante. Para começarmos a "ser justos com Freud", teremos que partir da constatação de que ele foi o pensador mais saqueado, fraudado e repudiado da modernidade. Sua viagem, que a cada vez tem como ponto de partida uma terra estrangeira ou uma fronteira, estende-se até os confins extremos, adentra territórios esquecidos, percorre cristas abissais. Em relação aos movimentos culturais, intelectuais ou artísticos dos primeiros decênios do século XX, o espírito do pensamento freudiano segue um destino particular que coincide com aquilo que ainda precisa ser dito sobre a psicanálise ou a partir dela.

Seu estilo aponta para a construção de um pensamento forte e sapiente. Sua obra assemelha-se à construção de uma ponte. Mas isso não nos conduz a parte alguma se nós mesmos não fixamos uma meta e não projetamos um itinerário. Essa ponte pode levar, parafraseando Brodsky, "para onde ninguém nunca esteve antes, mais longe, talvez, de quanto teríeis desejado".

Àqueles, portanto, que movem os próprios passos para a gaia sabedoria do carvalho e da pedra.

primeiro capítulo

PORTA ORIENTIS

"*Viena é a* Porta Orientis *também para aquele Oriente misterioso que é o reino do inconsciente.*"

HUGO VON HOFMANNSTHAL, 1922

Há três possibilidades para o ponto de partida: "A margem ou o espectador, o porto ou o evento, a navegação ou a narrativa ... É menos importante estabelecer de onde se partiu: conta mais até onde se chegou, o que se viu e como" (Predrag Matvejevic, *Breviário mediterrâneo*). Partimos, portanto, da navegação, ou seja, das palavras com que Freud narra a própria origem e os primeiros anos da infância. Qualquer narrativa nunca é exaustiva, é tão-somente uma versão. E é fácil enganar-se, pois os locais do nascimento e da infância só começam a existir *a posteriori*. Delineiam-se e formamse no discurso através de imagens, recordações e histórias que às vezes parecem formas vazias, obscuras, insensatas. Volvendo o olhar para trás, somos vítimas de um estranho *trompe-l'oeil*: atribuímos um valor qualquer de realidade a coisas que não existem mais, acreditamos que ainda estamos lá, mas já estamos alhures há um bom tempo. Confiamos na memória como numa certeza estável. Desde que possamos nos reconhecer como indênticos, estamos dispostos a manter os olhos bem fechados sobre uma abissal desmedida. O tempo arroja-se: sua foice é precipitosa, suas asas vertiginosas. Vemo-nos em um tempo perdidamente distante e inacessível e, no entanto, nosso olhar parte sempre daqui, daquilo que chamamos de presente e que, na verdade, é um ponto vacilante. Nada podemos senão conjecturar. Mas recordar é o caminho mais direto para esquecer. A memória contém também a construção com a qual recosturamos os fragmentos de sentido, contém também as sombras do esquecimento e do olvido. A memória é ainda a história dos estilos e dos materiais utilizados para construir, com arte e com artifícios, uma espécie de certeza. Nós a consideramos como uma certeza concreta e material, mas é como se fôssemos obrigados, constrangidos, vinculados a um contrato nunca estipulado.

As primeiras cidades da existência de Freud – Freiberg, Breslávia, Leipzig e Viena – são revisitadas retroativamente, exploradas como se se lesse um palimpsesto, uma escritura estratificada, composta de múltiplas línguas e dialetos. De onde venho? De que acontecimento? De que ponto sideral, local ou cena comecei a me perguntar de onde poderia eu ter vindo? O nascimento é sempre estruturado a partir de um pergunta pensada no futuro do pretérito: quem eu teria sido? Quem teria sido quando ainda não sabia que era? Paradoxo da identidade, da desmedida, da incomensurabilidade. Insondável enigma do tempo.

Freud não nasceu em Viena. Não é e não se sente vienense, embora permaneça na cidade até 1938. Ainda criança chegou à capital, vindo do Leste europeu. "Na Europa central e oriental todas as estradas levam a Viena", escreve. E a grande Viena foi, no curso dos séculos, o baluarte que deveria deter o avanço dos turcos e bloquear as migrações proveniente do Leste. No curso dos milênios, a história, a cultura e, em parte, a geografia, traçaram uma fronteira entre Europa ocidental e oriental, uma linha divisória que começava em Trieste, passava por Viena e chegava a Berlim. Curiosamente, essas três cidades representaram etapas significativas do itinerário de Freud. Ele nasce em uma cidade de fronteira e chega a Viena, situada ao longo da fronteira da Europa ocidental; em seguida, por motivos de estudo, estabelece-se em Trieste e sucessivamente em Berlim, elas também cidades de fronteira. É casual?

Concordando de bom grado com as decisões do destino, ele cultivou uma forte paixão por fronteiras, cumeadas, encruzilhadas. Mesmo os seus passos inaugurais, que procedem por vias indiretas, laterais ou oblíquas, pousam e avançam em um terreno de pesquisa que é de fronteira. O mesmo acontece na escolha universitária: increve-se em medicina, considerada naquela época uma faculdade mais humanística que científica, mas depois freqüenta cursos de filosofia e de lógica.

No início é a encruzilhada. Sua paixão pelas fronteiras, bordas, bifurcações, desvios, por aquela linha insituável que junta e separa territórios distintos é a mesma que o leva a inaugurar a psicanálise: levando a conseqüências extremas o lapso do discurso médico-científico da época e explorando a falha da ciência psiquiátrica oitocentista. Mas quando adentrar a nova trilha aberta, ele irá perceber que se encontra em uma terra de ninguém na qual tudo ainda deve ser dito, explorado, formulado. Não é por acaso que esse será o único momento em que ele afirma sentir "angústia" ou "fobia" de viagens.

Na *Autobiografia* (1925), conta com palavras simples o mito das próprias origens: "Meus pais eram judeus; eu também continuei a ser judeu. Quanto a meus ascendentes do ramo paterno, tenho fundadas razões para crer que viveram por muitos anos junto ao Reno, em Colônia, para em seguida, por causa de uma perseguição contra os judeus no século XIV ou XV, emigrar para o Leste até empreender, da Lituânia, a viagem de volta para a Áustria, atravessando a Galícia no curso de século XIX." A cultura da Europa central daquele tempo vivia a extraordinária situação de confronto e intercâmbio vigorosos entre formações e tradições culturais diversas, entre inovações científicas e experimentações artísticas. Também aqui, uma história de fronteiras, de invenções, de novos caminhos.

"O judeu é aquele que elimina as fronteiras", escreve Otto Weininger. Em relação ao itinerário intelectual de Freud, esta afirmação mostra-se muito verdadeira, porém distante, é preciso acrescentar, da mitologia do judeu errante. Suprimir as fronteiras esfacela qualquer idéia de nacionalismo e a única riqueza existente é aquela que cada um carrega consigo. A única fronteira – não mais uma linha geográfica – é aquela traçada pela cidade do próprio projeto. Não é um detalhe que a família Freud proviesse de uma tradição na qual era viva, no seio do hebraísmo, a tendência "associativa". Ao contrário da visão sionista que optava pelo retorno à "terra prometida", ela reivindicava – como afirma David Meghnagi (*Studi Freudiani*) – "a autonomia cultural e nacional, o direito à dignidade nas terras em que os judeus vivem há séculos". Coisa de não pouca monta, pois dessa orientação "associativa" dependia uma diferente concepção do local e da cena e, num nível mais abstrato, uma diferente articulação do alhures, da alteridade e do Outro. Nos pensamentos de Freud não aparece a idéia de uma "terra prometida", isto é, a localização de um lugar a ser atingido e no qual se estabelecer. Não há nele traços do desejo de cicatrizar a ferida da diáspora. A esse respeito é significativo observar que a primeira forma como Freud teoriza o inconsciente – estamos na teoria do sonho – é em termos de uma "outra cena": ela reside nas dobras da mesma cena que chamamos de realidade. Não se encontra em um alhures espacializado, mas no *mesmo* lugar e no *mesmo* palco que temos diante dos olhos. Deriva daí que a posição do sujeito do inconsciente é excêntrica, errática, sem "moradia fixa". Ou melhor: não precisa de um lugar porque é uma lógica. O suficiente para afastar-se radicalmente da fisiologia e da neurologia.

Se Freud tivesse aderido ao sionismo, se tivesse acreditado que a tarefa era, de um modo realista, retornar à própria terra de origem para reabitá-la, teria inventado igualmente a psicanálise? No máximo, teria feito com que coincidisse com uma técnica de "cura", recondutível, portanto, ao alcance mais ou menos metafórico de uma terra prometida. A obra da psicanálise – ele o repete diversas vezes – é muito diversa do *furor sanandi*. Este último contempla a cura – cujo étimo remete ao conceito de "manter distante" e "defender" – como se se tratasse de banir o estranhante, de fortalecer-se contra uma estraneidade psíquica, de esmagar o Estrangeiro. Os paradoxos não faltam. Freud responde que "o eu não é patrão nem na própria casa". E no entanto não estamos dilacerados pelo alhures. Mais: o nosso recurso está alhures.

A propósito do amor freudiano pelas fronteiras notamos que sua primeira teoria do "aparelho psíquico" é formulada segundo uma tópica repartida em três "regiões": Consciente, Pré-consciente e Inconsciente. Cada "fato singular" do funcionamento psíquico acontece ali, naquela determinada "localidade psíquica". A "segunda tópica", ao contrário, introduzida por Freud na década de 1920, deve ser considerada uma teoria das funções propriamente dita (Eu, Isso, Supereu). Representa um dispositivo teórico adjacente e não contraposto ao precedente, no qual não há bem "localidades psíquicas", mas três instâncias, uma das quais se distingue por um estatuto metapsicológico.

Ainda uma rápida observação: a transferência, noção complexa mas nodal na prática e na experiência analíticas, é colocada por Freud como fundamento e condição do itinerário. A palavra em alemão é *Übertragung*. Sua constelação semântica é vasta: transferência, reportamento, transmissão, transposição, transcrição, tradução, transporte, transpasse, cessão. Nada se compreende da noção de transferência se a consideramos apenas como aquilo que acontece entre dois, entre analista e analisando. Exige, a bem dizer, três termos, três funções. No discurso do analisando, ela indica sobretudo o "deixar-se levar" pela palavra, pelas suas "reedições" e pelas suas "ritualizações". Indica também o "deixar-se levar" pela suposição de que falando a alguém, isto é, ao analista – cuja presença e cujo saber inconsciente comportam uma outra escuta – aconteça algo que diz respeito à subjetividade. Esta última formulação, relativa ao momento inicial da transferência, evidencia a estrutura da suposição. Na origem de cada movimento e de cada passo há uma suposição.

Quisemos nos deter nessas considerações para indicar o quanto, no pensamento de Freud, são relevantes e ao mesmo tempo específicas as diversas metáforas relativas à viagem, à aventura, ao alhures, à fronteira, à alteridade. As cidades da infância são por ele evocadas naqueles trechos mais difíceis, dirradicantes, labirínticos do itinerário. São os primeiros passos da aventura. Aqueles em que a dificuldade o obriga a reconsiderar os passos precedentes e perguntar-se como funcionou o erro. Desse trabalho analítico ganha consistência o mito da origem que se configura, com sua força pulsional, como recurso inexaurível. Cá estamos nós às voltas com as *exordia rerum*. Mas é o mito que resulta indestrutível, não a origem. *Mythos*: palavra, sentença, anúncio, lenda, fábula. Da origem enquanto tal não sabemos o que fazer.

Freiberg, 1856

O MITO DA ORIGEM

"Quando nasci, uma velha camponesa profetizou para minha mãe que ela estava dando ao mundo, com seu primeiro filho, um grande homem. Profecias desse tipo devem ser freqüentes ...", anota Freud com ironia. Ele vem ao mundo na cidadezinha de Freiberg, na Morávia ocidental, importante artéria comercial a pouco mais de duzentos quilômetros de Viena. Depois da queda do império austro-húngaro, a mesma cidadezinha de cinqüenta mil habitantes muda de nome para Príbor e hoje faz parte do que até ontem era a Tchecoslováquia. A casa natal existe ainda hoje. É um edifício modesto: no primeiro andar alojavam-se as famílias Freud e Zajìc. No térreo ficava a oficina do ferreiro Zajìc, onde parece que o pequeno Sigmund, apelidado de "moreninho", divertia-se construindo, com habilidade, brinquedos de lata.

Quando nasce Sigmund, o pai, Jakob, tem 41 anos. De um casamento anterior tinha dois filhos, Emanuel e Philipp, com 23 e 20 anos respectivamente. Jakob nascera em 1815 em Tysmenitz, hoje Tismênica, cidade cercada de aldeias que formam a fortaleza da cultura chassídica. Seus antepassados eram originários da Renânia. A mãe de Sigmund, Amalie Nathanson, de 21 anos, coetânea de Emanuel e Philipp, era originária da Galícia. Entre seus antepassados, Samuel Chamaz foi um importante expoente da comunidade judaica e renomado estudioso de teologia rabínica. A família Freud registra, portanto, uma história semelhante àquela de tantas famílias judaicas da Europa oriental.

A cidade natal – bem diferente do mito de origem – é quase uma terra estrangeira. As fábulas das crianças sobre o nascimento dizem a coisa certa: fantasiam que nasceram em outro lugar e não estão erradas. Uma vez subtraído da origem o mito resta apenas o corpo, a carne, a matéria: impensáveis. A luminosa abissalidade do sacro guarda o enigma. A tal ponto que aceitamos de bom grado aquilo que os juristas chamam de "pessoa física" e que se resume em declinar as chamadas generalidades: nome, sobrenome, lugar e data de nascimento. É uma identidade vazia, paradoxal, enigmática. O registro civil anota apenas que um novo corpo veio ao mundo e está inscrito, preto no branco, na existência real das coisas desse mundo. O ato jurídico desse nascimento pressupõe necessariamente uma "família" de palavras: *gênito, genitor, genital, genitura, gênio, gente*. E também *joelho*, pois era costume reconhecer-se o filho colocando-o sobre os joelhos do pai. Para os antigos, a sorte humana "está sobre os joelhos dos numes" (*Ilíada*). Aprende-se assim a reconhecer cada uma dessas palavras quando outros as dizem. E se é falado por uma multidão de "outros". O psíquico começa a existir quando somos nós que dizemos algo sobre a nossa vinda ao mundo e sobre a nossa proveniência. Tornamo-nos sujeitos ao inconsciente quando falamos em "primeira pessoa" desse acontecimento e desses traços.

Responder à pergunta "de onde venho" implica ter uma idéia do nascimento, muitas vezes também sobre aquilo que é genericamente chamado de destino. Todavia, estruturalmente, o nascimento não acontece em um lugar, mas brota de um discurso, de um ato. Nascemos de um alhures. Somos provenientes de uma tradição que tentamos traduzir num sentido nosso, e também de uma traição, pois fazendo da origem um mito reescrevemos o romance familiar até construir uma outra idéia de história. Em suma, ajustamos as contas com um enigma que traduzimos e adaptamos segundo uma nossa versão: quase para interrogar as raízes do destino daquilo que foi e daquilo que será.

Freud também conta o próprio romance: "Sou filho de gente originalmente abastada que, nesse pequeno buraco de província, creio que vivia bastante comodamente." Nas páginas de seu ensaio *Lembranças encobridoras*, escrito em 1899 quando estava finalizando a redação de *A interpretação dos sonhos*, ele simula um diálogo com um interlocutor para melhor comunicar suas pesquisas. A lembrança é "encobridora" na medida em que é estruturada por um mal-entendido: mais a recordação é evidente, mais ela esconde e omite. "Disponho", escreve Freud, "de uma certa quantidade de recordações da minha primeira infância e posso situá-las no tempo com grande segurança. Aos três anos, de fato, deixei a minha pequena cidade natal para me transferir para uma cidade grande; essas lembranças referem-se todas ao lugar em que nasci; referem-se, portanto, a meu segundo ou terceiro ano de vida." Algumas linhas depois começa a contar "uma cena bastante longa constituída por muitas imagens". Mas na recordação dessa cena declara que "tem alguma coisa que não bate". É como se, nessa cena, agisse uma outra recordação recalcada.

Uma menina de nome Gisela tornara-se, na distante infância, companheira de jogos de Freud. Aos 17 anos, quando Freud retorna à cidade natal, reencontra Gisela e apaixona-se perdidamente. Escreve: "Lembro ainda exatamente por quanto tempo, depois de então, continuei ficando perturbado a cada vez que revia, não importa onde, o *vestido amarelo* que ela usava da primeira vez que nos encontramos." A intensidade e o "relevo" do amarelo parecem provenientes de uma lembrança precedente situável na idade de três anos. Ele narra como se descrevesse um sonho: "Colhemos flores amarelas e cada um de nós, crianças, tem na mão um ramo de flores. O mais bonito é o da menina, mas nós, meninos, como se tivéssemos combinado, saltamos em cima dela e arrancamos-lhe as flores das mãos. Ela foge pela relva chorando e uma camponesa, para consolá-la, dá-lhe um grande pedaço de pão preto. Assim que nos damos conta, jogamos as flores fora, corremos para a casa da camponesa e pedimos pão. Nós também ganhamos ... Na minha lembrança aquele pão tem um sabor realmente especial e a cena termina assim." Da sensação de turbamento provocada pelo amarelo do vestido da menina, ele remonta às flores amarelas arrancadas à força das mãos da amiguinha. Sigmund também, assim como seus companheiros de brinquedo, estava pronto para jogar fora as flores amarelas, correr à camponesa e saborear o pão. "Eis aí", comenta Freud, "os dois mais poderosos impulsos pulsionais: a fome e o amor." De fato, satisfeita a "fome", falta ajustar contas com o amor.

"Era a minha primeira paixão, bastante forte mas mantida perfeitamente em segredo. Comecei a dar longos passeios solitários naqueles esplêndidos bosques, construindo castelos no ar, fato estranho, voltados não para o futuro, mas para o passado. Ah, se não viesse a falência, se tivesse ficado na cidade natal, se tivesse crescido no campo, se tivesse me tornado robusto como os jovenzinhos da casa, os irmãos da amada, e se depois tivesse continuado o trabalho de meu pai e tivesse por fim desposado aquela moça que, mais cedo ou mais tarde, teria de algum modo ganhado intimidade comigo! Naturalmente, não duvidava um só instante de que, nas circunstâncias criadas na minha fantasia, eu a amaria com a mesma paixão que experimentava então ... ." O amarelo do vestido, com a evocação de um desejo distante, e o amarelo das flores com sua gradação de sol e de luz é "a marca através da qual acontece aquela fabricação" da lembrança. A infância é o sonho em que a vida pulsional se põe em ação. As recordações, afirma Freud, "não emergem, como se costuma dizer, mas se formam" e "por vezes compõem obras quase que de fantasia". O mito da origem faz parte dessa primeira "obra de fantasia", uma obra produzida pelo trabalho do inconsciente.

A cidade natal se faz cena. Começa a ser habitada por pensamentos, palavras e narrativas, por um corpo pulsional e por uma história que começam a ser imaginados como palco de acontecimentos, de desejos e de curiosidades. O romance familiar é sempre reencontrado, rearquitetado, reconstruído *a posteriori*. É também entremeado de zonas de sombra e de épocas insignificantes, como aquela que sobrevém quando a família Freud é obrigada a deixar Freiberg por causa do declínio da atividade comercial do pai. Sigmund tem três anos.

"Depois vieram anos duros que, creio, não apresentavam nada digno de nota. Na cidade nunca me senti à vontade; pensando bem, a nostalgia dos bosques de minha aldeia, para onde fugia para escapar de meu pai desde que comecei a andar, nunca me abandonou." E, efetivamente, durante setenta anos esta tênue nostalgia nunca deixou Freud. Em 1931, as autoridades de Príbor organizam uma cerimônia para seu 75º aniversário. A rua em que está situada sua casa natal recebe o nome de Freudova e no edifício é colocada uma placa (destruída sob o nazismo, mas depois restaurada) com a inscrição: "Em 6 de maio de 1856 nasce nesta casa o professor doutor Sigmund Freud, psicanalista de fama mundial". Para a cerimônia, Freud escreve a *Carta ao burgomestre de Príbor* (1931), na qual encontramos muito mais do que os agradecimentos habituais: "De uma coisa posso estar certo: bem dentro de mim, sob muitos estratos, continua a viver o menino feliz de Freiberg, o primogênito de uma jovem mãe que desse ar e dessa terra recebeu as primeiras indeléveis impressões."

A infância não nos abandona jamais. Pertencemos a ela quase da mesma maneira como dizemos ter um corpo ou um nome. Dela brota uma certeza inexaurível. É a mesma certeza a que se refere um verso de Rainer Maria Rilke: "Tranquila era a infância na gruta celeste". Acontece de a infância tornar-se sacra e inacesssível para dar fim ao infantilismo. De fato, a cidade natal é um lugar ao qual basta retornar uma única vez. Freud revisita Freiberg uma única vez, aos 17 anos, quando, como todo adolescente, encara o mundo com inquietude. Por que não voltar mais a Freiberg? E se a resposta fosse que ao local do crime não se volta duas vezes? Mas que crime? Não podemos deixar de recordar a história de Édipo e de suas cidades: Corinto, Delfos, Tebas. Em torno de cada uma delas o filho – e não o gênito, o *puer* ou o menino – desenvolve o tema do parricídio e o evento da sexualidade. Como se passou a história entre aqueles dois que se fizeram chamar de pai e mãe? Cada um nasce da própria elaboração do estatuto de filho. O mito da origem deve ser situado aqui: quando o pensamento dirigido ao genitores for apenas um sorriso, uma poética da consumação, um silêncio que reinterroga a palavra, que redesenha o destino e o coloca em ação. "O que farei quando crescer?" De que modo habitarei a minha existência a ponto de fazer dela minha cidade? Cada qual "nasce para o infinito" (Calderón de la Barca). Sim: o verdadeiro "trauma do nascimento" (Otto Rank) é nascer ao infinito. Terá o filho olhos que consigam escrutar os infinitos horizontes que o esperam?

Breslávia, 1858

"AS ALMAS QUE QUEIMAM NO INFERNO"

Situada na Polônia na alta Silésia, Breslávia hoje se chama Wroclaw. Em uma carta de 1897, escrita num período em que Freud dedica-se arduamente à elaboração da teoria do sonho, surge a cidade de Breslávia. Endereçada ao amigo berlinense Wilhelm Fliess, a carta exprime desconforto, admite grandes dificuldades, declara uma "terrível solidão". Muitas vezes o momento do surgimento da invenção é acompanhado pela idéia de que a continuação da viagem enfrenta obstáculos ou é até mesmo impossível. Pára-se, pede-se uma pausa para tentar entender em que labirinto se caiu.

"De tempos em tempos", escreve Freud, "passam-me pela cabeça pensamentos que prometem explicar qualquer coisa, conectar o normal e o patológico, o problema sexual e o psicológico. Depois desaparecem de novo e eu me esforço para segurá-los, pois sei bem que seu aparecer e desaparecer da consciência não é a expressão de seu verdadeiro destino. Mas nos dias de calma, como ontem e hoje, tudo em mim é silêncio e terrível solidão .... Tenho que esperar até que alguma coisa se mova em mim e eu me dê conta. Portanto, freqüentemente passo dias inteiros a sonhar de olhos abertos." São palavras que parecem escritas no diário de viagem de um náufrago. "Tudo isso", fala com o amigo Fliess, "só para introduzir o assunto do nosso encontro em Breslávia se os horários dos trens nos favorecerem." Na mesma carta fala de Praga e de seu sonho de visitar Roma; entretanto divaga, conta fragmentos de sonhos, evoca outras viagens, fantasia sobre a possibilidade de visitar outras cidades. Parece o estado de espírito de quem se encontra à deriva no meio do oceano, em plena calmaria.

Depois dessa errática evocação de "sonhos de olhos abertos", termina a carta relatando uma lembrança remotíssima: "Breslávia tem um papel nas minhas recordações de infância. Aos três anos de idade, quando nos transferimos de Freiberg para Leipzig, passei pela estação e os lampiões a gás, os primeiros que via, lembraram-me as almas que queimam no inferno. Conheço alguma coisa sobre esse tema. Minha angústia diante das viagens, que já superei, é ligada a essa impressão." Depois conclui: "Hoje não estou prestando para nada. Cuide-se e mande-me, dentro em breve, uma resposta para esta carta inconclusa." Note-se que o adjetivo "inconcluso" é uma tradução da palavra iídiche "*meschugg*", que na linguagem comum significa também "doido" ou "estrambótico".

Temos a impressão de que Breslávia é uma cidade cuja lembrança – assim como a língua iídiche, já então quase que incompreensível para Freud – flutua na memória como um retalho de enigma. É quase uma lembrança vazia, esvaziada de sentido, um traço "inconcluso". "Minha angústia diante das viagens é ligada a essa impressão": os lampiões a gás que cintilam na noite parecem representar "as almas que queimam no inferno". Evanescente como o enigma de sua proveniência, esta imagem é extraordinariamente intensa. É como um cristal que brilha sob os olhos mas não deixa transparecer nada além do reflexo do próprio olhar. Sua epifania emblematiza a incerteza da memória, tem a consistência da miragem.

Breslávia suscita, portanto, uma recordação da infância remota, mas também alguma coisa de atual, tão atual que faz surgir uma sensação angustiante e a urgência de falar dela: "Não vejo a hora de chegar a Breslávia ... ." Na carta seguinte: "Para mim será deveras reparador tagarelar contigo sobre coisas inócuas e sérias, depois que minha cabeça voltou a receber, por meses a fio, sem nunca se esvaziar, os temas mais bizarros; por outro lado, não tenho outra ocasião para falar com pessoas sensatas. Uma outra dose de ponche ao Letes." Aqui o itinerário atravessa aquela estranha região que se mostra sinistra, fria, "bizarra", habitada por "almas que queimam no inferno". Mas todo bom explorador, ou aqueles que redesenham os mapas até abrir novas trilhas, sabe que lá onde se encontram as dificuldades se esconde uma nova via, inexplorada. "Para atingir o ponto que não conheces, deves tomar a estrada que não conheces" (Juan de la Cruz).

Como a parada de Freud na estação de Breslávia, todo itinerário analítico só o é se encontrar uma espécie de "extravio". O extraviar-se é um meio, com efeito, para se estar onde não se espera. No início, o trabalho analítico procede subtraindo das recordações o sentido que desde sempre tiveram e recebendo-as como "lembranças encobridoras". E reportando-se depois ao "grau zero" de sua literalidade e de sua historicidade. Trata-se de um trabalho que pode se desenvolver sob o signo do luto, que pode encontrar a emergência do trágico, ser percebido como o adentrar-se em um beco sem saída. De como serão analisadas algumas lembranças, de como serão dispostas ao longo de uma outra articulação, de como abrirão retroativamente outras significações, dependerá o efeito de transformação posto em jogo pela experiência analítica.

Mais que a história, conta a historiografia: o método com que são historiados os acontecimentos, o modo como nos fazemos representar pela narrativa que pronunciamos, os acentos que afloram na língua que falamos. Melhor perder-se no emaranhado da narrativa se isso nos permite encontrar pelo menos um fio da meada. Sem tal trabalho, a função da lembrança reproduz a superstição, o preconceito, o modo de pensar, de justificar e de demonstrar que distinguem a realidade do neurótico. "Quando não se entende nada de alguma coisa ou não se inventa nada em algum lugar, pode-se sempre fazer a história dessa coisa ou desse lugar" (Michel Serres).

A angústia diante das viagens, que Freud declara ter superado, ressurge da dificuldade encontrada. A lembrança dos lampiões a gás lhe permite, no presente, elaborar o que percebe como obstáculo. Breslávia é como uma cidade já visitada, embora ainda esteja por ser descoberta. Se aquela lembrança parece "inconclusa", ela o é na medida em que reatualiza alguma coisa que ainda precisa ser explorada. É um rastro, um vago indício, uma luz, embora pareça provir de "almas que queimam no inferno": é de lá que se deve começar. Este será o método a que Freud se entregará em sua navegação: "Quando o viajante canta na escuridão, renega a própria apreensão, mas nem por isso vê mais claro." É uma arte, em suma, de pensar em coisas muito próximas e em coisas remotíssimas sem se despedaçar.

Leipzig, 1859

"A MINHA FOBIA DE VIAGENS"

"A partida, a visão da ferrovia, a precedente e longa viagem de coche não deixaram nenhum traço na minha memória." Exceto –

Freud parece esquecido – aqueles lampiões de gás na estação ferroviária de Breslávia. A família chega a Leipzig e lá permanece pouco menos de um ano. Logo será obrigada a transferir-se para Viena, tanto pelas dificuldades de trabalho do pai quanto pela guerra entre a Áustria e a Itália que explodira nos primeiros meses de 1859.

Em uma carta a Fliess de outubro de 1897, Freud evoca alguns episódios que remontam à idade de cerca dos quatro anos, relacionados às primeiras curiosidades sexuais. "A minha 'iniciadora' foi uma mulher feia e velha, mas astuta, que me falou muito de Deus e do inferno e me deu uma alta opinião de minhas capacidades." Tratava-se de Monika, a sua babá. "Mais tarde", prossegue Freud, "despertou em mim a libido para com *matrem*: a ocasião deve ter sido uma viagem que fiz com ela de Leipzig a Viena, durante a qual dormimos juntos e na qual certamente tive a oportunidade de vê-la *nudam*." A palavra "mãe" e o adjetivo "nua" estão em latim: usar uma outra língua, isto é, recorrer à artimanha de uma espécie de pudor é também um modo de evitar um traço da interdição.

A reevocação desta lembrança "sexual" da primeira infância é entremeada por outras impressões: "Devo ter recebido meu irmão um ano mais moço (morto há pouco meses) com desejos maus e com um ciúme infantil real; sua morte deixou em mim a semente do remorso." E ainda: "Sempre soube que, cúmplice dos meus malfeitos entre o primeiro e o segundo ano de idade, foi um sobrinho um ano mais velho que eu, que vive agora em Manchester ... . Este sobrinho e este irmão menor não só determinaram o lado neurótico de todas as minhas amizades, mas também sua intensidade. Tu mesmo", dirige-se agora a Fliess, "pudeste notar em plena efervescência a minha fobia de viagens." Depois da angústia, eis agora a fobia de viagem. Na frase seguinte afirma: "Ainda não consegui distinguir as cenas que estão na base de toda essa história."

Leipzig é um nó em que se emaranham diversos fios: o tema da interdição, a função da lei, a lógica pulsional, uma posição particular do objeto em relação à organização da sexualidade. As lembranças da mãe nua, o ciúme do irmão, a instauração da "semente do remorso", os primeiros "malfeitos", as "iniciações" com a babá: são pensamentos que pontuam algumas dobras do evento edipiano. A pergunta "de onde venho?" é, definitivamente, uma interrogação sobre a sexualidade e não pode evitar aquela que Freud chama de "teoria da sexualidade infantil", cuja ênfase é colocada no enigma do corpo e na sua origem. A própria pergunta implica, em seu avesso, a instância de uma lei simbólica: a linguagem é a lei simbólica que torna pensável a origem do corpo e dos nomes, que torna a sexualidade dotada de sentido, e também de enigma.

De onde viemos se não de um corpo, de um outro corpo – *inconcebível* – que nos ensinaram a chamar de mãe? E mesmo dessa incrível certeza as coisas se complicam. Se materialmente (mais uma vez a raiz *mater*) somos provenientes da mãe, simbolicamente somos filhos do pai. O itinerário teórico de Freud desenrola-se em grande parte ao longo das implicações relativas à questão do pai: ele reinventa o mito do pai, acolhe sua função e alcance simbólico na clínica, na estrutura e no funcionamento sociais, na origem da religião. Sua reflexão, sobretudo nos últimos anos, demora-se no tema do monoteísmo. "Freud é o único pensador entre os séculos XIX e XX que pensou o Pai: pensar é o oposto de renegar e matar" (Giacomo Contri, *Dire, fere, baciare).* Freud é efetivamente imune à afirmação, inspiradora de tantos niilismos, de que "Deus está morto". Nesse sentido, ele não pertence ao século XX. Que o pai, contrariamente ao genitor, seja imortal é a premissa que funda o édipo, e não numa versão trágica. A estrutura do "complexo de Édipo" não se resume, todavia, no chamado triângulo edipiano. De fato, o édipo freudiano nada tem a ver com o determinismo psicologístico da "triangulação", pois não se trata de uma geometria, mas de uma lógica do inconsciente. A metapsicologia, em resumo, não é cartesiana. Seria preciso ter a audácia de considerá-la uma poética e também um trabalho de tradução com o qual a poesia se mede incessantemente.

Outrora todo viajante era, por necessidade, um bom tradutor. Viajar e traduzir eram atividades paralelas que duravam toda uma vida (Octavio Paz). Consideração essa que nos permite captar um aspecto singular da "fobia de viagens" que Freud adverte quando encontra uma dificuldade particular em seu itinerário. É a fase em que ele vai além da tradição científica de seus professores de neurologia e fisiologia. A "fobia de viagens" talvez seja o modo como ele sente a urgência e a importância de elaborar a própria história edipiana.

É a mesma inquietude de Édipo antes de partir para a consulta ao oráculo de Delfos. Como Édipo, Freud também percebe que, depois de Delfos, nada poderá calar o saber inconsciente e sufocar a sua instância de verdade. Efetivamente, a "fobia de viagens" parece distinguir, entre um tempo para compreender e um momento para concluir, um ponto de resistência. Se Édipo tivesse se contentado com o que já sabia sobre a própria origem e não tivesse se exposto a uma questão de justiça (a peste de Tebas), não teria dado um passo na estrada para Delfos. Como Édipo, Freud prossegue em seu itinerário não obstante (e graças) à sua "fobia de viagens".

Seus horizontes são como o duplo sentido que reside no nome Édipo: "o homem do pé inchado" (*oîdos*), mas também "o homem que sabe" (*oîda*). Esta dupla condição o acompanhará sempre. Em 1900 ele escreverá: "Nessa luta, quando o fôlego ameaçou faltar-me, implorei ao anjo que desistisse e foi o que ele fez. Não fui o mais forte e desde então sigo claudicando." Questão de começo, de luz, de anúncio. Brilhos.

Viena, 1860

"A OBRA-PRIMA DO TECELÃO"

Cidade transbordante de mitos. Encruzilhada, cruzamento, caldeirão de culturas, tradições, línguas, raças. É a Alte Kaiserstadt, a antiga cidade imperial, o coração que se estende do Reno até Odessa como uma imensa ponte entre o Oeste e o Leste europeus. Quando a família Freud chega a Viena, Sigmund tem quatro anos. Lá ficará por 78 anos, até 1938, data da fatídica "anexação" da Áustria pela Alemanha nazista. A família enfrenta inúmeras dificuldades financeiras antes de estabilizar-se. Nos anos seguintes, durante os quais a mãe traz ao mundo outros quatro filhos – Marie, em 1861, Adolfine, em 1862, Pauline, em 1863, e Alexander, em 1866 –, eles se transferem para vários bairros periféricos da tumultuosa capital. Primeiro moram na Weissgarberstrasse, depois, quando a família aumenta, encontram uma casa na Pillersdorfgasse e em seguida na Pfeffergasse, na periferia de Leopoldstadt, o bairro judaico onde o marechal napoleônico Massena instalara seu quartel-general depois da conquista da cidade, em 1809. É nesse bairro que Sigmund cumpre seus primeiros anos de estudo, até o secundário. Somente nos anos 1870 a família se transfere para os bairros centrais da capital.

Freud chega em Viena menino vindo, como dissemos, do Leste europeu. No decorrer do tempo não deixará de sentir-se um estrangeiro. Quando, mais tarde, se aproximar da invenção da psicanálise, Viena lhe será hostil. Mas é tão estrangeiro aos lugares onde vive que está sempre em casa. Por exemplo, quando estiver explorando a estrutura do Eu, dirá que o "Eu nunca é patrão na própria casa", assimilando o estatuto do sujeito à condição do imigrante.

No fundo, considerar-se estrangeiro para o verdadeiro viajante ainda é pouco. E provir do exílio não basta para empreender grandes viagens: somos exilados desde o momento em que nascemos, nômades nos tornamos assim que nos damos conta de que a geografia é sempre diversa daquilo que parece. O itinerário começa quando se percebe que somos nós mesmos os mais distantes. Quando, como no caso de Freud, nos aventuramos naquela terra estrangeira que é o inconsciente, o prosseguimento da aventura exigirá uma intelectualidade bem diversa e uma pulsão bem outra. As cidades – visitá-las, explorá-las, conhecê-las, habitá-las – nada mais são que os nós de um fio sutil com o qual tentamos tecer o destino e arriscar.

Podemos historicizar e classificar as décadas em que Freud vive na Viena *fin-de-siècle*, naquela extraordinária cidade que é o laboratório em que operam intelectuais, artistas, filósofos, escritores, poetas, cientistas. Enumeramos, alargando o horizonte para a Europa inteira, alguns dos personagens com quem ele entra em contato: Einstein, Kraus, Mahler, Mann, Rilke, Schnitzler, Weininger. O elenco poderia continuar. Por ora, a Viena que nos interessa é aquela em que Freud faz seus primeiros estudos: são os anos das escolas, do liceu, das primeiras leituras e das primeiras curiosidades intelectuais. Aos 12 anos pensa em se tornar ministro. Adolescente, cogita tornar-se advogado e ocupar-se de política. Aos 17 queria dedicar-se às "ciências naturais" que hoje poderíamos chamar de biologia. Sua ambição é tornar-se um *Naturforscher*, um explorador da natureza.

Depois de ter escolhido a faculdade de medicina, Freud ainda não está totalmente satisfeito. Segue, paralelamente, alguns cursos de filosofia e de lógica ministrados por Franz Brentano, com quem cogita formar-se, além da medicina, também em filosofia. Das primeiras inquietações intelectuais daqueles anos surgem as premissas de um itinerário incomum e anômalo. Quando lhe parece ter chegado ao ponto de encontrar um novo caminho, protela e espera. Quando propõe timidamente ao ambiente universitário algumas inovações científicas (suas pesquisas sobre a afasia ou sobre a cocaína), percebe indiferença e hostilidade. Para ele não é uma novidade confrontar-se com a máxima "ninguém é profeta em casa". Dando os primeiros passos em uma certa direção, sobretudo na última década do século, é como se perambulasse em torno dos muros de uma cidade para melhor conhecer e estudar suas portas de entrada. Podemos considerar *A interpretação dos sonhos*, que ele mesmo define como "a estrada régia que conduz ao reino do inconsciente", a primeira porta a ser transposta. Dado o passo inicial, os outros irão se seguir.

Muitos já se perguntaram como foi que a psicanálise surgiu justamente em Viena. Freud opõe-se à tese, afirmada pelo psiquiatra parisiense Pierre Janet, segundo a qual "a psicanálise só poderia surgir em uma cidade como Viena, numa atmosfera de sensualidade e imoralidade desconhecida em outras cidades". "Os vienenses", replica Freud, "não são mais abstinentes nem mais neuróticos que outros habitantes de cidades grandes." E insiste: "A acusação de 'vienismo' parece-me ser apenas um eufemismo para uma outra acusação que se prefere não pronunciar em público." A alusão é ao anti-semitismo. Já mencionamos que ele não se reconhece na religião hebraica. Da mesma maneira, podemos dizer que não se considera cidadão vienense. Mora em Viena, mas é como se estivesse alhures, na cena abstrata constituída por seus pensamentos e suas pesquisas. Para ele, Viena não representa um mito, mas apenas um obstáculo que se opõe a uma cidadania intelectual.

Inicialmente sofre a recusa dos ambientes universitários em reconhecer a validade de suas observações clínicas sobre a histeria. Depois segue-se o período do "esplêndido isolamento" no qual, tirando conclusões práticas e teóricas de sua própria experiência, inventa o método da "associação livre". A Viena das instituições e das academias mostra-se cada vez mais hostil. Freud o diz abertamente: "A cidade de Viena fez de tudo para renegar sua contribuição ao nascimento da psicanálise." Considera, todavia, que justamente em Viena deve desenrolar-se a "batalha decisiva pelos destinos da psicanálise", batalha que "é preciso que aconteça lá onde se produziu a máxima resistência, isto é, nos antigos centros da cultura". Esta última observação – ao contrário dos rios de tinta gastos para evidenciar a influência da questão judaica no pensamento de Freud – poderia ser lida finalmente no sentido de que Viena, como "antigo centro da cultura", permaneceu católica durante séculos. Uma cidade não-protestante, não-calvinista, não-puritana.

Desde os primeiríssimos passos, a aposta de Freud é conseguir permanecer e afirmar-se na capital. "Sou muito combativo", escreve em 1884 à noiva, "e realmente não penso em abandonar a luta por afirmar-me em Viena. Para mim, a luta pela existência é uma luta para permanecer aqui." Nas afirmações seguintes, que podemos acompanhar quase ano a ano, o comportamento é ainda mais combativo, e muitas vezes Freud formula juízos precisos. Dois anos depois, em 1886: "Viena me oprime e, talvez, mais do que seria bom." No mesmo ano, em outra carta à noiva, fantasia sobre transferir-se para a América ou a Austrália. Em outra ocasião: "Em poucas semanas meu dinheiro, que ainda não recebi, estará acabado e então precisarei ver se ainda consigo viver em Viena ... . Sou capaz de suportar muitas preocupações e muito trabalho, mas não sozinho. E, cá entre nós, minhas esperanças de ter êxito em Viena são escassas." Depois de doze anos, em 1898: "Viena e as condições de vida daqui para mim já se tornaram repelentes no plano físico." No ano seguinte, data da publicação da *Interpretação dos sonhos*: "O comportamento das pessoas em Viena é indubitavelmente negativo. Não penso que conseguirei uma resenha nos jornais daqui." Estamos em 1900: "Odeio Viena com um ódio todo pessoal e, bem ao contrário do gigante Anteu, ganho vigor cada vez que me afasto do pátrio solo citadino." Também nos anos seguintes o comportamento será esse. Em 1908, quando as bases da psicanálise já haviam sido lançadas: "Em Viena é particularmente fácil ter-se a impressão de que não há nada a fazer, de que nada se pode mudar, de que se ajuda o bom Sísifo a empurrar sua pedra." E mais adiante: "Para um novo empreendimento não é vantagem nascer em Viena." Estamos agora em 1912: "A situação dominante hoje em Viena me torna mais semelhante ao Moisés histórico que ao Moisés de Michelangelo." A alusão é ao fato de que, como Moisés, Freud antes se entregaria à ira do que a conteria. Quando, em 1926, já existe na Europa um movimento psicanalítico, em uma carta aberta aos membros da Associação B'nai B'rith, afirma: "Numa época em que na Europa ninguém me dava ouvidos e em Viena ainda não tinha discípulos, os senhores prestaram-me uma benévola atenção." Em seguida, quando, embora cautelosos, alguns reconhecimentos públicos foram concedidos, Freud se mostra sempre difidente e suspeitoso, como se eles escondessem exatamente o contrário.

A invenção freudiana tem seu ponto de partida no método da associação livre: é a chamada "regra fundamental" da prática analítica. Veremos como e através de que etapas – são as cidades da pesquisa e da formação – Freud chegará a essa hipótese. Imaginando a conversação com um interlocutor, no ensaio *Sobre o início do tratamento* (1913) Freud tenta explicar em que consiste a "associação livre": "Diga tudo o que lhe passar pela cabeça. Comporte-se, para dar um exemplo, como um viajante que se senta à janela em um vagão de trem e descreve aos que estão em seu interior a mudança do panorama diante de seus olhos." A comparação é com uma viagem que se desenrola nos pensamentos, nas sensações e nas fantasias, "sem afastar determinadas idéias repentinas". Freud é peremptório: "Toda a tarefa torna-se insolúvel caso se faça exceção a um ponto que seja. Basta pensar no que aconteceria, por exemplo, se fosse concedido abrigo em uma única praça da cidade; imagine-se quanto tempo seria necessário para que, nessa praça, se reunisse toda a canalha da cidade." E conclui: "O tratamento psicanalítico deve se colocar além de qualquer reserva, visto que neuroses e resistências não têm reservas com relação a nada nem ninguém".

Em 1920 ele será ainda mais preciso. No ensaio *Um caso de homossexualidade feminina*, escreve: "Em inúmeros casos a análise subdivide-se em duas fases claramente distintas. Na primeira, o médico busca com o doente as informações necessárias, trata de informá-lo dos pressupostos e dos postulados da análise e elabora, diante dele, a construção da gênese de seu mal com base no material fornecido pela análise." Esta primeira fase, precisa ele depois de algumas linhas, "compreende todas as operações preliminares que permitem finalmente que se tenha posse do bilhete ferroviário, que se percorra a plataforma e que se ocupe o próprio lugar no vagão". Sucessivamente, "na segunda fase, o próprio doente se apropria do material que lhe foi exposto, trabalha sobre ele, recorda tudo o que pode dos conteúdos que se supõe tenham sido recalcados e esforça-se para repetir o resto tal como se os revivesse". E conclui: "Agora tem-se o direito e a possibilidade de viajar até a terra distante, mas, apesar de todos esses preparativos, ainda não se chegou lá e, no fim das contas, não se chegou sequer um quilômetro mais perto da meta. Para tanto, é preciso fazer a viagem dessa forma, de uma estação a outra, e esta parte da viagem pode ser comparada à segunda fase da análise."

O método das associações livres – totalmente diverso do associacionismo em que a "livre" causalidade é considerada uma manifestação do inconsciente – exige, em primeiro lugar por parte do analisando, um trabalho pertinente à teoria. Esta não é, com efeito, uma prerrogativa do analista. A palavra teoria deve ser relacionada a seu étimo, *theoria*, composto de *thea* (espetáculo) e *horân* (observar): ver, considerar, especular, contemplar, indagar. Destas acepções deriva que não há narrativa que possa ser isenta de teoria. Nada é "verdadeiro" ou "falso" por princípio. A realidade da palavra não é puro espelhamento do real que nos circunda. A língua falada pela narrativa de nossas histórias é a mesma língua com que as teorizamos enquanto elas aconteciam.

É significativo que a metáfora do viajar, embora não seja a única, seja evocada por Freud para esclarecer o funcionamento e o desenvolvimento do itinerário analítico. Em cada viagem há paisagens, estradas, cruzamentos, bairros, cidades. "Vamos supor", escreve em 1929, "que Roma não seja um lugar de habitação humana, mas uma entidade psíquica de um passado igualmente longo e rico, uma entidade, portanto, na qual nada daquilo que outrora teve existência desapareceu, na qual ao lado da fase mais recente de desenvolvimento continuam a subsistir todas as fases precedentes." Todavia, a comparação não o convence inteiramente, pois o psíquico não pode ser localizado espacialmente ou considerado como uma região anatômica. "Não tem sentido desenvolver ulteriormente essa fantasia; conduz ao inimaginável, aliás ao absurdo. Se queremos representar a sucessão histórica em termos espaciais, a coisa só é possível através de uma justaposição no espaço; o mesmo espaço não pode ser preenchido de dois modos diversos." Observações estas que indicam o ponto de transição entre uma concepção tópica do inconsciente (Consciente, Pré-consciente, Inconsciente) e uma concepção baseada nas funções (Eu, Isso, Supereu): "O mesmo espaço não pode ser preenchido de dois modos diversos."

Diversas vezes Freud compara o trabalho do analista ao do arqueólogo, analogia que serviu freqüentemente para banalizar a psicanálise. Em 1937, ele precisa: "O objeto psíquico é incomparavelmente mais complicado que o material com o qual lida o arqueólogo." E logo em seguida: "Nossa comparação entre os dois tipos de trabalho chega ao fim, pois a principal diferença entre eles reside no fato de que, enquanto na arqueologia a reconstrução coincide com a meta e com o término de todos os esforços, na análise a construção é apenas um trabalho preliminar." O termo construção (*Konstruktion*) tem em Freud uma acepção eminentemente lógica e lingüística. Trata-se de um trabalho preliminar na medida em que explora e tenta entender a estrutura psíquica, o desenvolvimento de suas lógicas, a língua do sintoma. Antes de chegar a uma cidade, a um nó analítico, as paisagens se alternam, fazem com que se tenha a impressão de estar em um ponto e não em outro. Levam ao engano. As cidades das quais o analisando parte ao dar início à experiência analítica são as cidades de sua história, aquelas em que se depositou um sentido particular e subjetivo. Não coincidem com as cidades das lembranças, mas são trabalhadas, projetadas, arquitetadas, reconstruídas por um pensamento retroativo. São "verdadeiras", mas somente em uma determinada realidade psíquica, "perdidas" mesmo que nunca tenham sido habitadas ou visitadas, "imaginárias", sempre sonhadas e nunca ocupadas, diante das quais tudo se faz para não atingi-las, ou melhor, para melhor continuar a sonhá-las.

Viena, apesar de tudo, não é a cidade de Freud. Permanece estranha a seu itinerário efetivo. Indiferente, hostil, inimiga, é a cidade zero a partir da qual se darão os passos em direção a outras fronteiras. É ódio o sentimento mais originário que Freud experimenta pela grande capital imperial. Mas esse ódio é uma espécie de dispositivo pulsional que lhe permite deslocar-se e viver alhures. No sonho relativo à "monografia botânica" da *Interpretação dos sonhos*, Freud diz que se encontra no centro de uma "fábrica de pensamento". Vêm-lhe à mente alguns versos do *Fausto* a propósito da "obra-prima do tecelão". Eis o trecho completo de Goethe: "A fábrica do pensamento, caro amigo, é como a tela de um tecelão: um toque nos pedais e lá estão mil fios que se movem, lançadeiras que voam para lá e para cá, fios que escorrem invisíveis, um único toque forma mil combinações." A evocação do trabalho do tecelão como imagem do trabalho onírico é surpreendente: essa fábrica de pensamento é um laboratório no qual o trabalho do inconsciente tece e elabora aqueles "mil fios" que, invisíveis, desenham com sua lógica o acontecer psíquico.

A cidade efetivamente habitada por Freud é como uma "fábrica de pensamento", sua obra é comparável à "obra-prima do tecelão": um laboratório de pensamentos nunca dantes pensados ou formulados através de um método científico preciso. Quando Freud encontra um obstáculo no processo de pesquisa analítica é levado a fazer como Fausto: recorre à "bruxa". Freud tem sua "bruxa" e seu oráculo, que chamou de "metapsicologia": "Não se pode avançar sequer um passo senão especulando, teorizando – estava para dizer fantasiando – em termos metapsicológicos. Infelizmente, também dessa vez as informações não são muito perspícuas nem muito detalhadas." Esse laboratório científico, cujos instrumentos serão constantemente reelaborados e afinados no arco de quatro décadas, consiste em cotejar hipóteses, dar livre curso a fantasias e seguir conjecturas. As palavras que Freud usa para indicar tal trabalho são várias: além de "fantasiar" (*phantasieren*), "especular" (*speculieren*), "teorizar" (*theorisieren*), encontramos também "traduzir" (*übersetzen*) e "adivinhar" (*erraten*). Existem outras como "trabalho do pensamento" (*Denkarbeit*). E ainda:

"abandonar-se [*sich hingeben*] a uma certa linha de pensamento, desenvolvê-la até onde for possível por pura curiosidade científica [*Neugierde*]".

Nos últimos anos, mesmo rechaçando o caminho fácil da intuição, Freud reivindica o direito à "invenção especulativa" (*Erdenken*). Em *O mal-estar na cultura* (1929), por exemplo, quando declara a propósito da pulsão de morte identificada dez anos antes: "A princípio, foi apenas experimentalmente que apresentei as opiniões aqui desenvolvidas, mas com o decorrer do tempo elas passaram a exercer tal poder sobre mim que não posso mais pensar de outra maneira." Esta última frase talvez constitua a chave que nos leva a perceber – não obstante tão numerosas quanto desinformadas polêmicas sobre o "valor epistemológico" da psicanálise – a acepção particular com que Freud fala de ciência psicanalítica. Como afirma Paul-Laurent Assoun (*Introdução à epistemologia freudiana*), "se o barroco é um estilo novo, profundamente original e tal que não exaure a soma de seus componentes, nesse sentido também a psicanálise é uma espécie de *barroco epistemológico*. De resto, a analogia estética não é fortuita, dado que aquilo em que Freud está empenhado agora é um trabalho artístico. Ele encontra-se em condições de forjar com as próprias mãos um dispositivo novo, de fundar uma práxis que perdeu suas origens; doravante está à deriva em uma jangada, longe dos portos oficiais da ciência constituída onde, no entanto, aprendeu a navegar e aperfeiçoou instrumentos para orientar-se: mais que renegá-los, trata-se de adaptá-los a espaços novos."

Viena é a cidade-encruzilhada. A cidade em que Freud entra em cena. A cidade em que ele tece os fios do trabalho analítico, tornando-se ele mesmo o tecelão da própria experiência. No trabalho analítico, ou seja, no "trabalho do tecelão", trata-se, como afirma Freud, de "desfazer fio por fio todo o tecido de cada revestimento fantástico", de retecê-lo diversamente para submetê-lo a uma "prova de realidade" e confrontá-lo com uma verdade histórica. O que é uma análise senão a experiência na qual o sujeito é conduzido àquela "fábrica de pensamento" que é o inconsciente?

A clínica freudiana especifica-se antes de tudo como lógica e pragmática da transformação. A obra de uma análise comporta, de fato, uma abordagem a partir da qual o analisado saberá contar de outra forma a própria história e, com base em um projeto, fabricar o próprio destino: saber escutar e saber falar as inúmeras línguas da história subjetiva. Freud mesmo não se esquiva desse trabalho.

A tumultuosa Viena passa agora para o pano de fundo. A aventura adentra um itinerário tortuoso. Freud ainda não sabe nada da própria cidade. Para a navegação que o espera, as estrelas fixas de seu céu são vagas referências. A meta está alhures. Em sua viagem encontrará outras estrelas que lhe permitirão orientar-se, mas só ele saberá reconhecê-las e redesenhar um mapa adequado.

segundo capítulo

PERAMBULANDO

"Há tempos sabia com clareza que grande parte do meu prazer de viajar consistia na satisfação de desejos juvenis, isto é, radicava-se na minha insatisfação em relação à casa e à família. Quando pela primeira vez se vê o mar, se atravessa o oceano, tem-se uma experiência real de cidades e de países que durante muito tempo foram objetos de desejo distantes e inatingíveis; quando se faz isso pela primeira vez, eu dizia, sentimo-nos como um herói que realizou incríveis proezas."

SIGMUND FREUD, 1936

A epígrafe é aquilo que precede a empresa, o desígnio, a obra: é como uma porta de entrada. Existem muitas delas, mas somente uma é digna de ser transposta. Entra-se, mas não se está seguro de encontrar o que se busca. Por isso a epígrafe assemelha-se ao canto: "Na verdade, cantar é um outro respiro" (Rainer Maria Rilke). Transpomos uma soleira quando temos um mapa que nos guia. Depois, a certa altura da aventura, ele é jogado fora porque não serve mais: já sabemos prosseguir sem mapas porque agora é a meta a nos impelir, indicar, dirigir. A epígrafe – aquela espécie de legenda para um sonho – conservará a memória daquele passo primeiro e inaugural.

Se percorremos os numerosos textos de Freud no período de quase cinqüenta anos, de 1890 a 1939, topamos com algumas epígrafes, tantas quantas são as soleiras que ele transpõe para abrir seu caminho. São epígrafes que indicam os horizontes de sua pesquisa, com estradas principais, passagens secundárias, encruzilhadas, pontes. Todavia, "todo progresso é sempre somente a metade daquilo que parece ser no início". Freud ama repetir esta frase de seu contemporâneo Johann Nestroy. É uma frase prudente, cautelosa. De tom completamente diverso, ao contrário, é a epígrafe forte e audaz que anuncia a empresa psicanalítica: "*Flectere si nequeo Superos, Acheronta movebo*", que significa "se não puder dobrar os deuses, moverei os infernos". O célebre verso de Virgílio, escolhido em 1899 como epígrafe para *A interpretação dos sonhos*, tem o tom de um desafio. Moverei as coisas mais antigas, ameaçadoras, telúricas. Será um terremoto e até os deuses se darão conta.

A mesma epígrafe fora utilizada alguns anos antes. De fato, em uma carta de 1896, Freud confidencia a Fliess o projeto de escrever um trabalho sobre a psicologia da histeria "que será precedido pelas orgulhosas palavras: '*Introite et hic dii sunt*' [Entrai e aqui mesmo estão os deuses]." É um mote de Gotthold Lessing extraído do drama *Nathan, o sábio*. Na mesma carta comunica a Fliess as epígrafes pré-escolhidas para cada capítulo daquele livro que nunca foi escrito. Vamos percorrê-las. O capítulo sobre a função da palavra seria precedido da seguinte epígrafe: "Fazem coisas de louco, temo uma derrocada; Deus não paga todo sábado" (Goethe). O da formação dos sintomas, pela inscrição: "Se não puder dobrar os deuses, moverei os infernos". Por fim, o capítulo dedicado à resistência: "Sê breve, no juízo final isso não passa de um peido." Esse último é um verso de Goethe extraído do *Xenien*. As mesmas palavras reaparecerão quase vinte anos depois como epígrafe do capítulo "A divergência com Adler e com Jung" do ensaio *A história do movimento psicanalítico*. São as palavras com que o Padre Eterno responde às acusações de Satanás contra Napoleão.

Em janeiro de 1897, o projeto teórico anunciado a Fliess prossegue. "O capítulo sobre a *Terapia* será introduzido pela citação: '*Flavit et dissipati sunt*.'" "Soprou e foram dispersados". É a inscrição de uma moeda inglesa de 1588 cunhada depois da destruição da armada espanhola. "O capítulo sobre a sexualidade terá a seguinte epígrafe: 'Do céu, através da terra, até o inferno'."

O trecho, tirado do "Prólogo em teatro" do *Fausto*, é reutilizado alguns anos depois em *Três ensaios sobre a sexualidade* (1905) em sua versão literal: "... passando por este mundo, transpassem do céu ao inferno". Aqui aflora, curiosamente, o tema da queda, embora sublime.

Em 1901, como epígrafe de *Psicopatologia da vida cotidiana*, temos outra frase do *Fausto*: "O ar agora está tão cheio de fantasmas que ninguém mais sabe como evitá-los." Ao entrar no reino do inconsciente, impossível negar sua existência. Em 1914 encontramos uma outra epígrafe na abertura do ensaio *A história do movimento psicanalítico*: "*Fluctuat nec mergitur.*" "Flutua e não afunda" é a inscrição das insígnias da cidade de Paris. A empresa titânica de Freud, sua aventura intelectual, é um barco que procede trabalhosamente sem afundar, mas também sem lançar âncora em um porto seguro e confortável.

Em 1938, no prefácio à edição inglesa de *Moisés e o monoteísmo*, declarando que seu trabalho "parece uma bailarina em equilíbrio na ponta de um pé", Freud se interroga sobre a precariedade da própria construção. No entanto, este pé de dança, com seus movimentos, seu ritmo e seu equilíbrio, parece um emblema da audácia. E não somente: indica a sua grande lealdade intelectual – prosseguir na pesquisa sem se preocupar que a empresa seja confortada por uma "solidez" científica. Este "pé de dança", nada "fundante", remete a uma imagem leve, ligeira, fluida. Freud não teme a precariedade: ele a exige, considera-a como algo indispensável ao estatuto ético da ciência. Lendo estas epígrafes disseminadas no curso dos anos e das décadas, tem-se a nítida impressão de captar um momento germinal e inaugural de sua aventura. São passos que desenham no céu uma constelação que brilha na noite, enquanto Freud é assediado por seu demônio. "Quando o viajante canta na escuridão," escreverá em 1925, "renega a própria apreensão, mas nem por isso vê mais claro."

A imagem recorrente neste período é a do viajante, do explorador ou do conquistador. São figuras que ilustram o seu modo de proceder, de enfrentar as dificuldades, de estar próximo de algo para cogitar sua solução. Por exemplo, no texto *Etiologia da histeria* (1896), lido em presença de Krafft-Ebing, que presidia um seminário acadêmico, surge a clássica imagem do arqueólogo: "Suponhamos que um explorador chegue a uma região pouco conhecida, na qual uma zona arqueológica, com ruínas de muros, fragmentos de colunas, lápides de inscrições confusas e ilegíveis, tenha suscitado seu interesse ... . Se o seu trabalho for coroado de sucesso, os achados arqueológicos vão se explicar sozinhos, revelar um alfabeto e uma língua que, uma vez decifrados e traduzidos, permitirão que deles se extraia um inesperado conhecimento dos fatos do passado, em memória dos quais aqueles monumentos foram erguidos. *Saxa loquuntur*!". As pedras falam! Conseguir ler e entender a língua daquilo que aconteceu (e continua acontecendo) é a intenção que serve de ponto de partida para a clínica freudiana. O inconsciente fala as suas línguas, traça seus hieroglifos, aciona as suas lógicas. Questão de sintaxe e de sentido. A clínica inaugurada por Freud começa em uma instância lingüística, desenvolve-se como um trabalho de tradução e de transposição, realiza-se como uma obra pragmática. Ele parte da Babel da "patologia" clássica: sua arte da escuta lhe permite, contudo, distinguir idiomas desconhecidos. Assim, tentando e tornando a tentar, busca traduzir as formações do inconsciente, os sintomas, o carnaval das imagens, as pedras e o chuvisco da cena psíquica em uma teoria metapsicológica. "O inconsciente é estruturado como uma linguagem", dirá Jacques Lacan.

"O deus das viagens", escreve Rilke, é o deus do "anúncio distante". Freud encontra o anúncio perambulando, na mistura de fronteiras e línguas. Se tivesse escolhido ater-se, burguesamente, à carreira universitária, não haveria aventura e empresa. Quando recorre à metáfora do explorador, parte da própria experiência clínica. É peremptório: o analisando que diga o que lhe passa pela cabeça, sem desprezar nada, nem mesmo as coisas que parecem mais absurdas, estranhas, inacreditáveis. Ou seja: pode-se enganar, esquivar, desviar, trair a literalidade, mas a letra não pode, materialmente, enganar. Não que a letra mate. Sua obra é (ou será) antes uma obra de justiça. O inconsciente não se deixa trair. As formações do inconsciente aderem a um princípio de justiça psíquica. Não há artimanha da neurose que possa sobrepujar essa justiça. Trata-se de direito *público* e não de direito privado, pois o inconsciente é regido por uma troca entre ímpares e não entre iguais. O deus do anúncio, para Freud, é o inconsciente, um aliado impessoal, inteligente, leal. Subordina-se a uma lei e a uma justiça próprias, conhece várias línguas e idiomas, vale-se de engenho e de recursos. E muito mais ainda.

Em uma carta a Fliess de 1899, escrita enquanto corrige as provas de *A interpretação dos sonhos*, Freud fala de seu humor: "É flutuante, mas como pode ver, a mesma coisa está escrita sob o emblema de nossa cara Paris – '*Fluctuat nec mergitur*.'" Este é o mote que Freud escolherá como companheiro de toda a aventura. Não para esconjurar o naufrágio ou para negar ao espectador a grandiosidade de tal hipótese, mas para manter bem firme um princípio: o itinerário não é preestabelecido. Sua evolução não é predeterminada. Cada um encontrará a própria abordagem. O "caso clínico" (ao contrário da psiquiatria) não deve ser situado (com uma diagnose) no início de uma análise, mas exatamente o oposto, no final da análise. É um efeito não-calculável do itinerário. E se este efeito fosse finalizável tratar-se-ia (no melhor dos casos) de psicoterapia.

Passemos em revista as cidades da juventude, ou quase, de Freud. Durante quinze anos, de 1875 a 1889, ele se vê às voltas com sua primeira viagem aventurosa. Tem 19 anos. Haverá outras, não menos aventurosas. Em algumas cidades como Hamburgo ou Berlim, ele chegará por uma estranha manobra do acaso. Serão encontros decisivos, como, por exemplo, aquele com Martha Bernays ou com Wilhelm Fliess. Nesse período de sua existência há também as cidades da formação e da pesquisa: Trieste, Paris, Berlim. Em seguida, depois da visita à clínica de Bernheim em

Nancy, ele amadurece a decisão de ultrapassar as colunas de Hércules: doravante sua aventura se chamará psicanálise. Tem então 33 anos. A Europa da qual fala é sulcada por viagens, visitas, estadias. Em matéria de cidadania, nunca está satisfeito: mais viaja e mais queria viajar. Declara-se apaixonado pela "ciência dos rastros". Seu espírito é o de um nômade. Informa-se sobre as pesquisas mais avançadas no âmbito da ciência neurológica e psiquiátrica. "O caminho", escreve a certa altura, "é mais longo e indireto do que se poderia imaginar." E quando consegue teorizar que "na base de cada caso de histeria há um ou mais episódios de experiência sexual precoce da primeira infância", compara-se a um explorador: "Esta é uma descoberta que considero importantíssima, a descoberta do *caput Nili* (cabeceiras do Nilo) na neuropatologia, embora ainda não saiba bem por onde começar para prosseguir ... ."

Manchester, 1875

"EU VI O MAR"

A viagem à Inglaterra fora prometida pelo pai como prêmio pela formatura no ensino médio. Todavia, foi adiada por motivos econômicos. No segundo ano de medicina, a promessa foi finalmente cumprida. Desde rapazinho, a literatura inglesa apaixonava Freud. Com 17 anos, escrevendo ao colega de estudos Eluard Silberstein, ele afirma: "Leio poesia em inglês, escrevo cartas em inglês, recito versos em inglês, ouço descrições em inglês e sonho panoramas ingleses." E conclui a carta: "Se continuar assim, acabarei sofrendo de *mal da Inglaterra.*" É curioso notar que a expressão "mal da Inglaterra" (*englische Krankheit*), na Alemanha, referia-se ao raquitismo. Alusão a quanto a paixão pode inscrever-se no corpo. Aos 19 anos, portanto, Freud vai para Manchester, hóspede de seus dois meio-irmãos que haviam se transferido para lá uma quinzena de anos antes. "Apesar da neblina e da chuva, da embriaguez e do conservadorismo", Manchester representa para o jovem Freud a cidade da aventura. Sua pulsão de saber divisa novos horizontes e daquele momento em diante dificilmente estará satisfeita. Antes de partir para a Inglaterra, na assinatura das cartas, decide mudar a grafia do próprio nome de Sigismund para Sigmund, quase seguramente para afastar prováveis preconceitos anti-semitas.

Ao retornar de Manchester depois de uma estadia de sete semanas, escreve a Silberstein: "Não vi Londres, Sheffield, Birmingham, Oxford, como se esperaria de um turista, mas consolo-me com a esperança de que voltarei à Inglaterra no ano que vem ou em dois anos." Em outra carta ao amigo: "Faço-te uma confidência: agora tenho mais de um ideal. Ao ideal teórico do ano passado acrescentei um prático. No ano passado, à pergunta sobre qual seria a minha suprema aspiração eu teria respondido: um laboratório e tempo livre ou um barco no oceano equipado com todos os instrumentos úteis para a pesquisa. Agora, tenho dúvidas se não seria melhor dizer: um grande hospital e dinheiro suficiente para limitar ou varrer do mundo alguns dos males que afligem nossos corpos. Se quisesse agir sobre uma grande multidão ao invés de uma pequena lista de leitores e colegas, a Inglaterra seria o país mais adequado". E acrescenta: "Quem sabe, caro amigo, depois dos estudos um vento favorável não haverá de me levar a praticar na Inglaterra?" Será obrigado a refugiar-se em Londres, em 1938, para fugir da perseguição nazista.

"Trouxe pouquíssimos livros; mas o que conheci dos livros científicos ingleses me estimulará a ficar, nos estudos, sempre do lado dos ingleses que gozam agora de meu enorme favor: Tyndall, Huxley, Lyell, Darwin, Thomson, Lockyer." Dessa viagem reporta também outras impressões. Depois da arrebatada exclamação "imagine que eu vi o mar, o sacro *Thàlassa*!", a imagem que nos permite captar Freud enquanto perambula em torno dos próprios desejos é essa: "Segui as ondas da maré que, murmurando, deixavam a terra, e na praia recolhi caranguejos e estrelas-do-mar!"

As cenas e imagens às quais, depois da adolescência, Freud se abandona são lugares abertos, luminosos, imensos. "Para a criança que adora olhar mapas e telas/O universo parece tão vasto quanto seu apetite." (Charles Baudelaire, "A viagem"). Manchester: o tempo ainda é infinito diante dos projetos. São horizontes que o olhar pode escrutar sem encontrar limites. São imagens das quais brota o riso do conquistador. Basta uma idéia ou uma bizarra fantasia e pode-se ir para qualquer parte. Também com alegre loucura. Este é o tempo em que se pode caminhar horas ao longo da praia recolhendo "estrelas-do-mar", convencido de não se estar perdendo tempo. Conta a lateralidade das coisas, a sua leveza onírica: por vezes, transpondo-se, algumas delas irão se transformar em coisas frontais, decisivas, absolutas.

O fantasiar é uma ponte para o alhures. É a via mais direta para encontrar e para saber. É um olhar que se põe em ação, um pensar através de imagens, um projetar-se ao longo de horizontes e distâncias desmesuradas. Aproximamos coisas distantes e afastamos coisas próximas. Dedicamo-nos a observar a transformação e o devir das paisagens quase que para melhor pensar a nossa cena. O olhar aqui é, em um certo sentido, extremo. A direção pré-escolhida deixa imaginar um provável ponto de não-retorno, um começo. "Ao contrário do que se poderia pensar, a meta só fica bem clara quando está distante, quando se parte e ela brilha como um ponto celeste" (Roberto Mussapi, *Tusitala*). Sim, a meta é puntiforme, é um ponto sem morada fixa. Movidos por aquele alhures que o desejo estruturalmente exige, dirigimo-nos para onde o olhar nos leva.

Trieste, 1876

O MITO DA PESQUISA

Na geografia política daqueles tempos, Trieste era a saída para o mar mais próxima do coração do império. Para lá confluíam as três principais componentes da cultura européia: a latina, a germânica e a eslava. Exposta a mudanças de limites e de línguas, lugar nevrálgico onde as tradições culturais se sobrepunham, zona de atrito e de fronteira entre etnias diversas, Trieste era cidade italiana e européia, provinciana e cosmopolita. É pintada como cidade "composta de tragédia" (Scipio Slataper), alegrada por "muito sol, luz e tepidez" (Kugy), descrita como "cidade estranha, aliás, a mais estranha" (Umberto Saba).

De volta da Inglaterra, Freud dedica-se com maior empenho aos estudos de fisiologia, anatomia, zoologia aplicada, e continua a seguir os cursos de filosofia de Franz Brentano. Freqüentando o instituto de anatomia comparada dirigido por Carl Claus, obtém finalmente o seu primeiro cargo em uma pesquisa: identificar as gônadas da enguia macho, um problema controverso. No trabalho realizado durante a estadia junto à Estação Zoológica Experimental de Trieste, Freud disseca cerca de quatrocentas enguias. "Se, depois de dezoito anos de vida de rato do campo", escreve ao amigo Silberstein, "transportado repentinamente para as margens de um dos mais belos mares, já no segundo dia a coisa me deixa indiferente como se tivesse nascido em um barco de pescadores, significa que sou uma pessoa com a infeliz predisposição a achar tudo normal e a habituar-se rapidamente a tudo. É um dado de fato que o Adriático é realmente bonito. Trieste repousa no interior de uma pequena enseada; para dizê-lo de forma mais sensata, Trieste possui um local denominado porto que se chama, justamente, porto de Trieste, e deixo aos filólogos, arqueólogos e metafísicos (bela cambada) a tarefa de decidir se é Trieste a tomar seu nome do porto ou o porto de Trieste."

A experiência triestina constitui a primeira abordagem ao tema da pesquisa científica. Freud será sempre um pesquisador, elaborando e afinando o próprio método de investigação segundo o objeto em questão. "Uma filiação ao mesmo tempo evidente e misteriosa", nota Paul-Laurent Assoun (*Introdução à epistemologia freudiana*), "liga, em Freud, o seu *habitus* originário de anatomista à dimensão tópica da metapsicologia." O passo decisivo com o qual ele inventa a psicanálise acontece ao utilizar na pesquisa conceitos tais como "espaços do Ego", "localidades psíquicas", "outra cena": quando, em suma, ele declara "não haver necessidade de supor uma dimensão espacial propriamente dita". Por exemplo, na *Interpretação dos sonhos* ele compara o funcionamento do "aparelho psíquico" a um "microscópio composto", no qual "se trata de localidades e regiões em parte ideais" e onde "a localidade psíquica corresponde a um ponto situado no interior desse aparelho, no qual se forma um dos estágios preliminares da imagem". Mas sob a condição, precisa Freud, "de não confundir os andaimes com a construção". Definitivamente, a "dimensão tópica" não pressupõe uma espacialização, mas uma lógica particular que distingue um âmbito específico do acontecer psíquico.

Os dados da pesquisa realizada por Freud são apresentados à Academia de Ciências de Viena nos primeiros meses de 1877. Sua exposição é considerada "sempre segura de si, por vezes até arrogante". Pouco depois, ele aceita a proposta de entrar como pesquisador para o Instituto de Fisiologia dirigido por Ernst Brücke, pelo qual demonstra bastante estima. Lá conhece Josef Breuer, um dos mais concorridos médicos vienenses. Trava com ele uma profunda amizade e uma intensa interlocução que prosseguirá até o limiar da invenção da psicanálise. Nos anos seguintes empreende outras pesquisas sobre a evolução dos animais inferiores e sobre a anatomia do sistema nervoso. "As disciplinas propriamente médicas", conta Freud em primeira pessoa, "à exceção da psiquiatria, não exercem sobre mim uma grande atração. Arrastei aborrecidamente os meus estudos universitários e, a bem dizer, obtive o título de doutor em medicina apenas em 1881." Depois de oito anos de estudo.

Com Trieste, Freud tem a sua primeira impressão do mundo mediterrâneo que irá explorar assiduamente, um verão após o outro. "O nosso instituto tem o nome alemão de Zoologische Station, dista cinco segundos do mar; na prática fica na beira do mar, a cinco segundos da última onda do Adriático." Em algumas cartas comunica a Silberstein as impressões recolhidas durante os passeios: "Pareceu-me que Trieste era habitada por deusas italianas e fui tomado pelo medo, mas quando comecei a andar pelas ruas, no segundo dia, cheio de expectativas, não consegui ver mais nenhuma delas e desde então uma bela mulher é uma das coisas mais raras de se ver pelas ruas." O primeiro contato com aquele "suave Sul" representado por Trieste, com todos os seus fermentos intelectuais, fez com que a psicanálise fosse introduzida na Itália por Edoardo Weiss. Este, de 1929 a 1931, foi analista de Umberto Saba, que, junto com Italo Svevo, foi o escritor italiano que mais cedo atentou para a psicanálise. De grande interesse histórico é a correspondência, entre 1946 e 1949, de Saba com Joachim Flescher, diretor naquela época da revista *Psicanálise*, órgão oficial da Sociedade Italiana de Psicanálise. (Cf. Umberto Saba, *Lettere sulla psicoanalisi.*) A contribuição teórica e clínica de Weiss não é nada negligenciável, conforme demonstrado pelas pesquisas de Anna Maria Accerboni e Michel David. Ademais, se quiséssemos realmente falar em "pai da psicanálise", historicamente esse título caberia mais a Edoardo Weiss que a Cesare Musatti.

Com Trieste delineia-se o mito da pesquisa. É o mito intransponível e incessante que acompanhará Freud sempre que aportar em outra cidade. Muito tempo depois, em 1895, tendo já ultrapassado a casa dos 20 anos e quando pode se permitir algumas férias, Freud passa novamente por Trieste para uma viagem a Ístria, Abbadia e Veneza. Em 1904, encontrando-se em Trieste em companhia do irmão Alexander, decide ir para Atenas, como ele mesmo conta em 1936 em *Um distúrbio de memória na Acrópole: Carta aberta a Romain Rolland.* Nessas páginas fala de Trieste como a cidade em que alguma coisa de estranho acontece: a decisão repentina e quase inexplicável de chegar a Atenas e ao sul do Mediterrâneo, de mergulhar no mito helênico, de chegar lá onde seu pai não ousara pôr os pés.

Em cada uma dessas três passagens – 1876, 1895, 1904 – Trieste é a cidade em que afloram sensações de estranhamento, que torna presente e prenuncia um pensamento latente, que o questiona sobre a meta de sua pesquisa. "Aprendi a reconhecer a verdade que se esconde na advertência de Mefistófeles: 'Dedicar-se a investigações científicas de nada serve: cada um só aprende o que pode'", escreve em 1924. "Cada um só aprende o que pode" – consideração decisiva porque alude a um saber inconsciente, um saber intransitivo, inobjetivável. Se tomássemos essas palavras ao pé da letra, o conceito filosófico de conhecimento se desfaria mostrando o quanto é ilusório. Freud se dá conta disso e talvez o poeta Umberto Saba também, quando escreve: "Trieste tem uma enfezada / graça. Se apraz / é como um moço áspero e voraz / com olhos azuis e mãos grandes demais / para presentear flores..."

Hamburgo, 1882

"SE SOUBESSES COMO SOU LOUCO"

"De repente enamorei-me de uma moça e de repente vi-me em Hamburgo." Quando Freud parte para encontrar a namorada Martha, que o espera em Wandsbeck – na época pouco distante de Hamburgo e hoje parte da grande cidade –, envia-lhe uma carta de Tetschen para anunciar sua chegada próxima: "Aqui corre o Elba e é ainda um modesto riachinho que me indica a estrada para chegar a ti" ... "Quem chegará primeiro, eu ou esta epístola? ... . Depois começará a felicidade, a sublime, única felicidade de estar perto da mulher amada, e desde agora habituo-me à idéia desse evento; não conseguia acreditar e experimentei a angústia que canta o poeta: 'mundo não transmontar'." O poeta em questão é Ludwig Uhland e a citação se refere à sua poesia "Retorno à pátria". Veremos mais adiante por que enamorar-se é percebido como um retorno à pátria.

Quando no verão de 1882, recém-formado, Freud decide não prosseguir a carreira universitária para dedicar-se logo ao exercício da profissão médica, não é somente por motivos econômicos. Certa noite de abril, abandonando um pouco a reserva com que costumava tratar as amigas da irmã, ele conheceu Martha Bernays, quatro anos mais jovem que ele, com 21 anos, portanto. O encontro daquela noite foi decisivo. As *Cartas à noiva* são repletas de reflexões, confidências, projetos, desejos de viagens. A correspondência se inicia com uma carta no seguinte tom: "Vamos nos reencontrar, sozinhos em seu pequeno quarto tão simpático, minha menina vai estar sentada na poltrona ... e falaremos do tempo em que nem o alternar-se do dia e da noite, nem a chegada de estranhos, nem a distância, nem as preocupações hão de nos separar." Em 17 de junho do mesmo ano os dois jovens ficam noivos, às escondidas das famílias.

Os Bernays eram originários de Hamburgo, residentes em Viena, mas por longos períodos moravam também em Wandsbeck. As famílias Freud e Bernays freqüentavam-se bastante, trocando visitas. Durante o noivado, os dois jovens estiveram distantes por longos períodos, mas a intensidade da relação levava Freud a escrever para ela quase todos os dias, até mesmo duas cartas num mesmo dia e muitas vezes à noite. "O vosso cavaleiro errante não vos entrega senão o seu coração de amante, vem sem armas e deixou em casa o veneno e o punhal para os rivais. Saiba que travou alegremente uma dura batalha e que espera que seu inimigo em Hamburgo lhe poupe as hostilidades com uma rendição sincera." Logo em seguida: "Maldito estilo epistolar medieval! Quis usá-lo hoje, mas não o farei mais. Sentia-me como se fosse um cavaleiro errante que peregrina em direção à princesa amada, mantida prisioneira pelo tio malvado. Devo ter te entediado, com certeza, querida Martha; sê indulgente. Se soubesses como sou louco, neste momento."

Com Wandsbeck, irrompe na prosa jocosa de Freud um canto de conquista que é como um canto pulsional. "Vosso irmão Eli tomou-nos, como bom cunhado, sob sua proteção com um salvo-conduto até os limites desse Império. Lá começa o reino da miséria, pois o vosso eleito é daqueles que têm mais direitos sobre o Reino dos Céus do que sobre os tesouros dessa terra. Por isso não pôde resistir ao salto, e se domingo pela manhã, à oitava hora, dou as costas a essa cidade, não me imagineis na vossa Hamburgo antes de terça-feira às cinco horas e 46 minutos." Quatro anos depois, no dia 13 de setembro de 1886, graças também aos presentes em dinheiro dos parentes de Martha, celebrou-se o matrimônio no município de Wandsbeck. Na última hora, ficam sabendo que a cerimônia civil não é suficiente para as leis austríacas: Freud é obrigado, a contragosto, a preparar-se às pressas para uma outra cerimônia segundo os ritos hebraicos, que foi celebrada no dia seguinte.

O apartamento em que moram em Viena situava-se onde antes existia o Ring Theather, destruído em 1881 por um incêndio que causou muitas vítimas. "Era difícil encontrar inquilinos para o edifício em que tanta gente perdera a vida", escreve a irmã de Freud, Anna. "Meu irmão, longe de compartilhar a superstição geral, não hesitou em instalar-se lá com a jovem esposa. Seu exemplo logo foi seguido por outros." O bairro era chamado de Sühnhaus, "Casa de Reparação". Quando, no ano seguinte, nasceu a primeira filha de Freud, Mathilde, as autoridades municipais alegraram-se: a Chancelaria imperial mandou aos esposos as suas congratulações pelo ledo evento, entregando-lhes uma mensagem pessoal de Francisco José.

Há também um divertido episódio narrado por Bruno Bettelheim em *A Viena de Freud*. Não podendo ocupar o apartamento de imediato, por não estar completamente pronto, Sigmund e Martha tiveram que passar algumas noites em um hotel vizinho. Lá teve lugar o seguinte equívoco: no registro do hotel, a presença do casal consta como "Freud da Ásia". Por causa da grafia apressada, ao invés de "Wien", lia-se "Asien". Quase como se ele tivesse vindo de lá, do Oriente.

Dresden, 1883

"NÃO TENHO MEDO DAQUELES CANALHAS"

"Viajar de terceira classe à noite – tornei a descobrir – não é agradável. O homem que carrega sua geografia astronômica no sangue e nos nervos a uma certa hora gostaria de dormir e fica infeliz por não conseguir. De manhã estava frio, cinza e chuvoso, realmente um tempo de cão. O céu só começou a clarear na Saxônia, e surgiu uma bela tarde. A Suíça saxônica não atraiu muito a minha atenção, pois já a conheço por tê-la percorrido a pé; preferi, ao contrário, ler o livro do doutor Luther. Mas eu quis ver o Elba e suas águas, que se chegarem logo a Hamburgo, haverão de sussurrar-te mil e mil saudações." Estas são as palavras que Freud escreve a Martha em dezembro de 1883, do hotel Stadt Freiberg de Leipzig. "É uma coincidência singular que o hotel tenha o nome da cidade onde nasci. Mas não é a mesma Freiberg", observa.

Depois conta um episódio: "Entre Dresden e Riesa aconteceu a minha primeira grande aventura, penosa quando a vivi, agradável quando dela me lembro." Ei-la: "Sabes que sempre desejo ar fresco e tento abrir as janelas, especialmente em trens .... Ouvi que me gritavam para fechar a janela e que estava contra o vento; um sujeito em particular exasperava-se contra mim." Chegamos ao ponto: "Enquanto discutíamos e o tipo dizia estar disposto a abrir a ventilação em lugar da janela, ouvi gritarem de trás: 'É um maldito judeu.'" Com realismo fulminante Freud acrescenta: "Toda a história ganhou então uma nova impostação."

O tom da narrativa de Freud é belicoso. Contando ulteriores detalhes, ele afirma: "Um ano antes eu seria incapaz de dizer uma palavra por causa da indignação, mas agora estou mudado, não tenho medo daqueles canalhas; convidei um deles a guardar para si as suas sentenças universais, dado que não me inspiravam o mínimo temor, e o outro a adiantar-se para receber a sua merecida resposta. Estava firmemente decidido a espancá-lo, mas ele não se moveu." Depois acrescenta uma "chuva de injúrias, insultos e alusões". Consigo mesmo, no entanto: "Estava absolutamente incerto do meu sucesso ... . Não sou um gigante, não tenho uma juba para arrepiar, nem dentes para arreganhar, nem uma voz como Stentore e nem sequer enxergo bem: mas tudo isso fez com que aqueles canalhas entendessem melhor ainda que não tinha medo deles."

Freud passa aquela noite em Leipzig para esperar o trem que o levaria a Dresden no dia seguinte. "No restaurante do hotel, sentei-me entre os filisteus de Leipzig ouvindo seus discursos e observando suas fisionomias. Eles dizem as mesmas bobagens que os nossos filisteus, mas têm um aspecto mais humano; não vi caras bestiais, crânios luzidios e narizes de batata. Pelo contrário, se estivesse em Viena pensaria que topara com uma companhia de literatos, professores e arquitetos. Mas por trás das fisionomias mais inteligentes e mais finas esconde-se muito pouco, ao que parece. O modo de falar dos saxões repugna-me; têm continuamente na boca aquilo de que só falamos com seriedade em momentos inspirados. As verdades morais que intuímos, eles as arremessam em sentenças que parecem tiradas de uma antologia, espalham os ideais como manteiga no pão e certamente não são mais influenciados por eles do que a nossa burguesada." Após o episódio no trem, parece mesmo que a indignação dificilmente será aplacada.

Quatro dias depois de sua volta a Viena, Freud envia a Martha uma outra carta: "Finalmente, posso te escrever outras coisas sobre Dresden; justamente sobre as coisas mais agradáveis entre as que vivi, eu ainda não te escrevi." E aqui encontramos uma das páginas mais surpreendentes do epistolário de Freud. Seu olhar demora-se sobre os monumentos e praças de Dresden como se fosse uma cena jamais vista. "Ao lado do castelo descobrimos um domo grandioso, depois um teatro e por fim um enorme edifício, no estilo do nosso Belvedere ... Era o famoso Zwinger, dentro do qual encontram-se todos os museus e tesouros de Dresden."

Eis a narrativa de sua visita à Pinacoteca: "Encontramos a galeria dos quadros e passamos uma hora lá, os velhos mais para repousar, eu para levar de volta para casa alguma fugaz impressão de famosas obras de arte. Creio ter adquirido algo de permanente. Até agora eu sempre pensara que houvesse entre as pessoas que não têm muito o que fazer uma espécie de acordo para entusiasmar-se diante dos quadros pintados pelos mestres famosos. Despi-me aqui de minha barbárie e comecei eu mesmo a admirar. Há coisas magníficas, que já conhecia em parte de fotografias e reproduções, e pude, por exemplo, mostrar a dois ingleses o retrato em que Van Dick pintou de modo fascinante os filhos do infeliz Carlos I, aqueles que mais tarde seriam Carlos II e Jaime II. Depois vi as telas de Veronese com seus belíssimos corpos e cabeças de madonas, mártires etc. Mas só consegui dar uma olhada em tudo. Em um pequeno vão lateral descobri algo que devia ser, pelo modo como estava exposto, uma pérola. Olhei: era a Madona de Holbein. Diante dela estão ajoelhadas algumas mulheres feias e uma moça pequenina e sem graça, à esquerda há um homem com rosto de monge que segura um menino .... A Madona não é muito bonita, os olhos são saltados, o nariz longo e fino, mas é a verdadeira rainha do céu, assim como o espírito dos piedosos alemães a imagina. Comecei a entender alguma coisa desta Madona. Sabia que havia também uma Madona de Rafael e finalmente encontrei-a num espaço em forma de capela, e com muita gente em silenciosa meditação. Certamente a conheces ... Emana desse quadro um encanto ao qual não se pode escapar, mas também a respeito dessa Madona eu tinha uma importante objeção. A de Holbein não é nem mulher nem donzela, a sublimidade e a pia humildade não permitem nenhuma dúvida quanto à sua destinação; a de Rafael é, ao contrário, uma donzela, a quem se poderia dar 16 anos, que olha com grande frescor e inocência para o mundo; um pouco contra a vontade, veio-me à mente que ela deve ter sido uma criatura fascinante, capaz de despertar simpatia, não do céu, mas da nossa terra. Em Viena, esta opinião foi refutada como uma heresia."

Realmente singulares essas considerações de Freud sobre a Madona. Ainda na mesma carta: "Um outro quadro encantou-me: o *Cristo do tributo* de Ticiano, que já conhecia sem tê-lo notado particularmente. Aquela cabeça de Cristo, minha cara, é a única verossímil que podemos pensar que um tal homem tivesse. Pareceu-me, aliás, que se deveria pensar que ele foi realmente muito importante, dado que sua representação é tão bem-sucedida. Mas em tudo isso nada há de divino: um nobre rosto humano muito distante da beleza, que exprime severidade, interioridade, profundidade, uma suavidade superior, uma paixão profunda. Se tudo isso não se encontra naquele quadro, então não existe fisiognomonia. Eu o levaria comigo de bom grado, mas havia gente demais em volta: inglesinhas que desenhavam cópias, inglesinhas que falavam a meia-voz, inglesinhas que caminhavam e olhavam. Donde, fuime embora comovido."

A Pinacoteca de Dresden evoca, nas palavras de Edmund Husserl, a *Biblioteca de Babel* de Jorge Luís Borges: "Giramos pelas salas e paramos diante de um quadro de Teniers que representa uma galeria de quadros. Suponhamos que os quadros dessa galeria representem por sua vez quadros que por sua vez representem inscrições que fosse possível decifrar ... ." O labirinto das imagens e das seqüências, a vertigem da forma e do evento, os horizontes entrevistos entre o espelho e o olhar: também para Freud o mito é o lugar em que "se gera a tensão instituidora do símbolo" (Andrea Tagliapietra). Talvez também para ele a viagem empreendida depende, como afirma Jorge Luís Borges, da "história da diversa entonação de algumas metáforas".

O viajar como metáfora da pesquisa pressupõe um olhar ágil, móvel, preciso. Os primeiros a ser observados são os rostos dos outros e, ao fundo, as paisagens e cenas. As arquiteturas e os monumentos testemunham a obra dos antigos, suas empresas, seus mitos, suas vertigens: para Freud a pergunta sobre aquilo que eles legaram para a história diz respeito ao próprio destino. O enigma do devir começa a estruturar-se com uma lógica própria. Viajando podem acontecer estranhos encontros. Viajar de trem é um pouco como pensar – para Freud é o momento em que pensamos as coisas ao mesmo tempo mais bizarras e mais decisivas. Os pensamentos nos levam onde querem. O litígio no trem contado por Freud conclui-se com as palavras: "fiz com que entendessem que não tinha medo deles". Ou: "Não tenho medo daqueles canalhas". Declarações que comportam um suplemento de sentido: "Creio ter adquirido algo de permanente."

Paris, 1885

O ESTILO DA FORMAÇÃO

"Na primavera de 1885, por meus trabalhos histológicos e clínicos, obtive a docência em neuropatologia. Pouco depois, graças à calorosa intervenção de Brücke, ganhei uma conspícua bolsa de estudos. No outono parti para Paris." Lá esteve por cerca de seis meses. Nas *Cartas à noiva* encontramos muitas impressões sobre a vida parisiense: "Este é o povo das epidemias psíquicas, das históricas convulsões de massa e nada mudou desde a época de *Notre-Dame* de Victor Hugo." Depois de ir ao teatro Porte Saint-Martin para ver uma peça com a célebre atriz Sarah Bernhardt, escreve: "A maldita megalomania dos franceses! Submetem uma pessoa a quatro horas e meia de teatro, da mesma forma como servem cinco ou seis pratos numa refeição." Ou: "A língua francesa é terrivelmente pobre de sons, cada emissão de ar significa doze coisas diversas e, apenas um pouco modificada, outras doze."

Não faltam observações sobre a vida citadina. Caminhando ao longo do Quai d'Orsay e indo dos Invalides à avenida dos Champs-Elysées: "Nobres damas aí passeiam como se quisessem negar a existência do mundo fora delas e de seus maridos ou, no máximo, dar-se ao trabalho de negligenciá-la." Em visita ao Louvre: "Tive tempo suficiente para dar uma fugidia olhada às salas assírias e egípcias, que devo visitar ainda algumas vezes." E ainda: "De Paris tenho agora uma impressão completa e poderia me tornar muito poético: compará-la, por exemplo, a uma gigantesca esfinge enfeitada que devora os estrangeiros que não conseguem resolver seus enigmas ... A cidade e as pessoas eu as sinto estranhas, parecem de um tipo absolutamente diferente do nosso; acho que são todos possuídos por mil demônios .... Tenho a impressão de que não são capazes nem de vergonha nem de horror, todos – homens e mulheres – aglomeram-se igualmente em torno da nudez da vida como dos cadáveres da Morgue e dos cartazes horripilantes afixados pelas ruas ... ." À noiva comunica uma estranha consideração: "O meu coração é alemão-provinciano e, de um modo geral, não veio junto comigo para cá. Portanto, cabe perguntar se eu não deveria retornar para buscá-lo, como o homem de Lauterbah a sua meia."

Com a estadia parisiense – o período mais longo passado em outra cidade, excluindo-se o exílio londrino – tem início, a título pleno, o seu itinerário científico. Depois de um primeiro momento, em que se dedica a pesquisas anatômicas no laboratório anexo à clínica da Salpêtrière, Freud é atraído pelos estudos de Charcot sobre as formas histéricas. Assiste às suas famosas lições, e afirma que "devem seu fascínio particular ao fato de serem, totalmente ou em grande parte, improvisadas". No ensinamento de Charcot, assim como no trabalho de tradução para o alemão de suas famosas *Lições de terça-feira*, encontra algo que o apaixona: "De todas as coisas que pude observar durante a minha estadia com Charcot, nenhuma me impressionou tanto quanto as suas últimas pesquisas sobre a histeria, que já se desenvolviam, em parte, quando eu ainda me encontrava em Paris." O que atrai a atenção de Freud é a estrutura psíquica das formas histéricas.

Charcot conseguira impor uma reviravolta científica ao identificar a estrutura dos sintomas e dos fenômenos histéricos. Freud observa que ele "sentia-se no dever de confessar que via nas enfermarias algo que lhe passou inobservado por trinta anos". Implicitamente, começava a firmar-se uma outra concepção da clínica que, sem dúvida, permanecia médica mas se interrogava sobre o modo como, através de palavras e imagens, era "encenado" o sintoma histérico. "Esse gênero de trabalho intelectual no qual ninguém podia estar à sua altura, ele o chamava de 'fazer nosografia'", diz Freud em *Charcot*, escrito em agosto de 1893 por ocasião da morte do mestre. Certamente, a pesquisa nosográfica que Charcot conduzira na Salpêtrière "assegurou-lhe para sempre a fama de primeiro intérprete da histeria". Contudo, a questão decisiva, segundo Freud, reside no funcionamento da linguagem: "Charcot encontrou uma fórmula fácil: a única causa da histeria é a hereditariedade, portanto a histeria é uma forma de degeneração orgânica e faz parte da *famille névropatique*; todos os outros fatores etiológicos desempenham apenas o papel de motivos ocasionais." É justamente esta idéia – que privilegiava o aspecto organicista e que reconhecia genericamente alguma importância à terapia da sugestão hipnótica – que constitui a divergência de Freud.

No ensaio *Psicologia das massas e análise do Eu*, de 1921, no qual, num espaço de quase trinta anos, aproxima-se novamente "do enigma da sugestão", Freud afirma: "A minha resistência manifestou-se sucessivamente como recusa de admitir que a sugestão, que explicava tudo, não fosse por sua vez passível de explicação." Vários anos antes, em 1914, perguntando-se de onde poderia ter saído a invenção de sua tese "sobre a etiologia sexual das neuroses", ele mencionou os nomes de Breuer, Charcot e Chrobak: "Estas três idênticas opiniões, que ouvi sem compreender, dormitaram em mim durante anos, até o dia em que despertaram como conhecimento original ... Eles disseram mais do que sabiam com precisão e do que estavam dispostos a sustentar até o fim."

Durante a estadia parisiense ele realizou uma experiência que reconhecerá no decorrer dos anos como essencial. Em uma descrição das várias recepções mundanas organizadas por Charcot, Freud conta à noiva uma conversa com o psiquiatra Gilles de la Tourette, que profetizava uma iminente e assustadora guerra com a Alemanha. "Eu imediatamente declarei-me *juif*, isto é, nem alemão, nem austríaco", escreve Freud. Essa distância de qualquer nacionalidade, de qualquer adesão por princípio e em definitivo a qualquer ideologia, acaba por ser a condição da formação analítica.

O tom de uma carta a Martha de fevereiro de 1886 indica claramente o comportamento de Freud diante do saber: "Parece incrível, mas na escola sempre estive audaciosamente na oposição, quando era necessário assumir um posição extremista e pagar por isso." Pouco depois: "Sabes o que me disse Breuer certa noite? Fiquei tão comovido que logo depois confidenciei-lhe o segredo de nosso noivado. Disse ter descoberto que em mim, por trás de uma aparente timidez, escondia-se um caráter desmedidamente temerário e impávido. Sempre acreditei nisso, só que nunca ouvi alguém dizê-lo. Muitas vezes senti-me como se tivesse herdado o espírito de desafio de nossos antepassados quando defenderam seu templo, como se pudesse sacrificar com alegria a minha vida por uma grande causa. Mas sempre fui incapaz de exprimir, mesmo com uma palavra ou uma poesia, o ardor das minhas paixões. Assim, sempre me reprimi e creio que necessariamente as pessoas se dão conta disso." Nessas palavras reaflora o mito da origem, a sua têmpera, a sua força. Nada tem de passadista, existe no presente, é uma fonte inexaurível.

"Antes de deixar Paris discuti com Charcot o projeto de um trabalho voltado para estabelecer um confronto entre as paralisias histéricas e as orgânicas. Minha intenção era demonstrar que na histeria as paralisias e as anestesias repartem-se em cada parte do corpo com base na representação comum que os homens têm de seu próprio corpo, e não com base na representação anatômica. O mestre declarou-se de acordo; contudo, não foi difícil perceber que não lhe importava muito aprofundar a psicologia das neuroses." Passaram-se sete anos antes que Freud se decidisse a completar e publicar o trabalho que anunciara a Charcot.

Na *Autobiografia*, escrita em 1924, Freud afirma que "a França mostrou-se por muito tempo refratária à psicanálise". "Levantam-se objeções incrivelmente ingênuas, como aquela segundo a qual a rudeza e o pedantismo da terminologia psicanalítica repugnariam à refinada sensibilidade dos franceses." Mas menciona também a constatação de que "na França foram os literatos a manifestar antes de todos um certo interesse pela psicanálise". Freud parece tatear. Primeiramente declara: "Não tenho nenhum direito de aprofundar aqui este tipo de argumento." Porém, um pouco mais adiante acrescenta: "Ocasionalmente aconteceu também comigo de dar alguns passos em direções diversas do meu caminho habitual, com o fito de satisfazer um interesse estranho à medicina. Outros estudiosos, não apenas médicos, mas também especialistas em diversos outros campos, seguiram minhas pegadas embrenhando-se profundamente nas respectivas disciplinas." Freud admite, de fato, que justamente na França "desenvolveram-se múltiplas aplicações das teorias psicanalíticas nos campos da literatura e da arte, da história das religiões e da pré-história, da mitologia ou da pedagogia". Considerações relevantes, pois na posição intelectual de Freud o confronto entre o campo de pesquisa aberto da psicanálise e outros âmbitos da cultura e da arte, torna-se imprescindível. As implicações são muitas. Se esse confronto não ocorre, a psicanálise corre o risco de degradar-se em "técnica da psique", em instrumento unicamente psicoterapêutico.

Paris é a cidade da formação, ou seja, a cidade em que, pela primeira vez, o itinerário de Freud toma uma direção precisa. Em uma carta a Martha de abril de 1885: "Destruí todas as minhas notas e as cartas de catorze anos para cá: notas científicas e manuscritos de meu trabalho ... . Todos os meus pensamentos e sentimentos sobre o mundo foram declarados indignos de continuar a subsistir. Eles agora precisam ser pensados outra vez ... ." Extraordinária esta última frase: constata a abordagem de uma etapa, anuncia uma reviravolta, pressente a sensação de encontrar-se num ponto de partida.

Nos seis meses transcorridos em Paris, percebe que o próprio itinerário encontrou um nó, um ponto de resistência e, portanto, prenuncia uma nova via. Hölderlin observa que "o que é próprio deve ser apreendido assim como o que é estrangeiro"; na experiência maturada em Paris, Freud o experimenta a cada momento. Os anos seguintes constituíram uma espécie de pausa, de elaboração, um tempo para compreender. Como se depois do encontro com as teorias de Charcot fossem muitas ou até demais as vias que se abriam e que ainda precisavam ser percorridas. "Paris não é mais que um sonho confuso e ficarei contente de acordar."

Berlim, 1886

A HORA MARCADA, O ENCONTRO, A TROCA

Voltando de Paris, Freud permanece algumas semanas em Berlim. Tinha interesse em visitar a clínica de Adolf Baginsky, que se ocupava predominantemente de pesquisas sobre os distúrbios psíquicos das crianças: "A recepção foi extremamente cordial." Em uma carta a Martha: "As crianças, se seus cerebrozinhos são saudáveis, são verdadeiramente encantadoras ... Creio que logo me orientarei para uma clientela de crianças." Numa carta endereçada à irmã, anota algumas impressões sobre a grande cidade: "É um pouco mais viva e um pouco menos atraente que Viena. A vida custa menos, as pessoas trabalham duro para viver, há muitos policiais e soldados pelas ruas." Depois as visitas aos museus: "Esta manhã fui expedito o bastante para ir ao Museu Real, onde vi vários fragmentos antigos, deplorando vivamente não entender nada de tudo aquilo e recordando com uma certa nostalgia o Louvre, que é muito mais rico e interessante."

Retorna a Viena e apresenta ao "Claríssimo Colégio dos Professores da Faculdade de Medicina de Viena" o *Relatório sobre meus estudos em Paris e Berlim* (1886). Outrora a ciência confiava às viagens o êxito do reconhecimento e da pesquisa. E Freud adere a esse espírito, embora a acolhida do colégio acadêmico seja fria, quase de enfado. No ano seguinte, um médico de nome Wilhelm Fliess, conhecido otorrinolaringologista de Berlim, foi convidado para uma conferência sob indicação de Josef Breuer. Freud estabelece com ele uma forte amizade, conforme testemunham as centenas de cartas que trocaram no curso de quinze anos.

Berlim é a cidade pensada como possibilidade de prosseguimento do que ficara em suspenso na experiência parisiense. Seu principal interlocutor nesse momento é Fliess, "mais visionário que eu", admite Freud. E em outra ocasião: "Estou profundamente deprimido e teria muito prazer em restabelecer-me, mas não sei o que poderia me atrair fora de Berlim ... ." Afirmações desse tipo são freqüentes: "Sinto horror de Viena e o sinto três vezes mais cada vez que volto de Berlim." Ou mesmo: "Se vivêssemos na mesma cidade – que deveria ser Berlim e não Viena – muitas coisas teriam se desenrolado diversamente ... ." E mais adiante: "Se vivesse em Berlim, eu também teria outro papel em seu trabalho, espero. Dessa maneira, tornamo-nos estranhos um para o outro nas coisas que sentimos que são as mais nossas." Fliess é muito mais que um companheiro de viagem: "Você é o meu único público." Assim, Berlim transforma-se num símbolo da outra cidade, aquela na qual Freud gostaria de viver, trabalhar, desenvolver suas pesquisas.

Em 1895, durante a viagem de volta do encontro com Fliess em Berlim, podemos ver o seu espírito aventureiro em ação. Depois de debater com o amigo por várias horas, Freud, pensativo, volta de trem para Viena. "Um pouco antes de Tetschen abri a mala para procurar papel, pois já estava escuro demais para ler e cedo demais para dormir; pensei em fazer, no menos pior dos casos, um primeiro esboço da psicologia." Durante o verão e o outono inteiros trabalha nesse texto intitulado *Projeto para uma psicologia científica* (1895). A tentativa de reordenar os resultados das primeiras pesquisas em um trabalho sistemático passa por altos e baixos. O ponto mais alto soa assim: "Numa laboriosa noite da semana passada, quando sentia-me oprimido por aquele grau de sofrimento que constitui o grau ótimo para a minha atividade cerebral, de repente as barreiras desmoronaram, os véus foram levantados e consegui penetrar com o olhar desde o menor particular das neuroses até as condições da consciência. Cada coisa estava em seu devido lugar, as engrenagens bem conjuminadas, tinha-se a impressão de que a coisa se tivesse transformado realmente numa máquina que de um momento para outro começaria a funcionar sozinha."

Todavia, a composição do *Projeto para uma psicologia científica* o deixa insatisfeito. Depois de algumas semanas, completamente desencorajado, escreve a Fliess: "Não compreendo mais o estado mental em que concebi a psicologia; não consigo realmente compreender como pude inflingi-la a você. Acho que, como sempre, você é gentil demais; parece-me que foi uma espécie de devaneio." Alguns poucos meses depois, o texto lhe parece ser um projeto falido. Joga-o fora, não quer mais saber dele. Como ocorre com qualquer ato falho, algo de um outro lugar, em uma outra cena, acontece. A elaboração inconsciente não termina, prossegue silenciosa e de modo descontínuo, trabalha furtivamente.

Se ainda hoje podemos ler esse texto é porque foi encontrado entre os papéis de Fliess. As *Cartas a Wilhelm Fliess* também são uma mina de notas, reflexões, recordações, narrativas de fantasias, de dificuldades ou de projetos. Todo o epistolário constitui um testemunho extraordinário do modo como Freud trabalha, teoriza, fantasia, cumpre os passos que o levam a inventar a psicanálise. Nessas cartas encontram-se muitas anedotas relativas às hipotéticas cidades onde poderia se encontrar com Fliess. Viajar e deslocar-se têm muitas vezes a finalidade de poder se encontrar com o amigo. A cidade a ser visitada coincide não tanto com o emblema do anúncio ou do sucesso pretendidos quanto com a própria lógica da palavra, com a alteridade e a diferença que habitam o dizer. Poder comunicar ao amigo as últimas reflexões sobre as pesquisas em curso tem uma importância absoluta, constitui a condição para continuar a elaborar. "Adotei o expediente de renunciar ao trabalho consciente de reflexão e de seguir adiante em meio a enigmas e apalpadelas."

Para Freud, o ato de escrever uma carta é um encontro decisivo, um investimento irrenunciável: é o mapa no qual ele desenha hipóteses e contra-hipóteses. Um ano antes que a amizade com Fliess se rompesse, Freud escreve: "Infelizmente preciso de sua ajuda como representante do Outro e tenho mais sessenta folhas para você." Quando percebe que esse "representante do Outro" não está mais à altura teórica da interlocução, a relação com Fliess termina. "Costumava me encontrar com Freud", escreverá Fliess anos depois, "para discussões científicas por exemplo em Berlim, Viena, Salzburgo, Dresden, Nuremberg, Breslávia, Innsbruck. Nos encontramos pela última vez em Achensee no verão de 1900 ... ."

Com o passar dos anos, quando a psicanálise começa a ser praticada em algumas capitais européias, Freud não esconde uma certa cautela em relação à Alemanha. Em 1907, em uma carta a Jung: "A Alemanha, ao que parece, só irá se interessar por nossa causa quando algum mestre supremo a tiver solenemente reconhecido. O caminho mais curto creio que seria fazer com que o imperador Guilherme se interessasse, pois, como se sabe, ele entende de tudo." Em 1912: "O interesse de Viena por *Imago* é surpreendentemente escasso, ao mesmo tempo em que chegaram assinaturas dos lugares mais remotos da Alemanha." Inesperadamente, Berlim irá se transformar na cidade constelada por outras aventuras. Evoquemos apenas algumas: o encontro com Einstein em 1927, os passeios com Lou Andreas-Salomé no parque de Tegel e, antes ainda, a fundação em 1920 por Max Eitingon da primeira Policlínica Psicanalítica da história.

Como cidade onde Fliess reside, Berlim representa antes de mais nada o emblema de uma preciosa interlocução que permite a Freud expor suas próprias pesquisas a alguém. Nesse sentido é a cidade imaginada como encruzilhada para outras metas, a etapa indispensável para mergulhar em viagens mais distantes. É essencial que Freud saiba que Fliess o escuta: para enunciar fantasias, material da própria história, reflexões teóricas, impressões, estados d'alma aparentemente insignificantes. Isso com certeza não poderia acontecer na austera Viena e nem na frívola Paris, onde, ao contrário, tinha que tomar cuidado com o modo como falava. A interlocução com Fliess, em certo sentido, é o terreno em que o próprio Freud, diante do curso de seus pensamentos, liga-se ao método da "associação livre". Apesar da distância teórica que os divide, ao longo da relação com Fliess desenrola-se aquela que Octave Mannoni chama de "análise originária" de Freud.

Berlim emerge dos textos de Freud como metáfora daquele alhures de onde provêm os pensamentos e se formam as idéias. Doravante viajar irá se transformar antes de tudo em enunciar, abandonar-se a pensamentos estranhos, recônditos ou bizarros, escrever e responder cartas, esmiuçar as dobraduras e superar os obstáculos da pesquisa. O essencial.

Nancy, 1889

DIANTE DAS COLUNAS DE HÉRCULES

"Com o objetivo de aperfeiçoar minha técnica hipnótica, viajei em 1889 para Nancy, onde estive por várias semanas. Lá encontrei com o velho Liébeault, em seu comovente trabalho sobre as pobres mulheres e sobre as crianças da população operária, e fui testemunha das experiências extraordinárias de Bernheim com os doentes hospitalizados." Depois de Paris e Berlim, Freud submete o método hipnótico à experiência direta: "Não há com o que se espantar se nos primeiros anos de minha atividade médica, à parte alguns procedimentos mais casuais e assistemáticos, meu método principal de trabalho tenha sido a sugestão hipnótica."

A idéia de ir para Nancy e, na viagem de volta, passar por Paris para assistir ao Primeiro Congresso Internacional de Hipnose Experimental e Terapêutica corresponde a um gesto de verificação. A urgência é confrontar-se com as pontas mais avançadas da pesquisa científica e tanto Bernheim quanto Liébeault estavam, junto com Charcot, entre os maiores especialistas em hipnose da época. A escola de Nancy, que utilizava técnicas consideradas extraordinárias, polemizava com Charcot acerca da interpretação dos fenômenos hipnóticos. Com a viagem a Nancy, Freud quer entrar em contato direto com essas divergências. Mas como bom experimentalista ousa algo a mais: "Com a intenção de aprofundar meus conhecimentos convenci uma das minhas pacientes (uma histérica) a encontrar-me em Nancy. Era uma mulher bastante distinta e muito bem-dotada, que se colocara sob meus cuidados porque outros médicos não conseguiram fazer nada por ela ... . O próprio Bernheim a hipnotizou várias vezes, mas nem ele conseguiu fazer alguma coisa. Falando comigo, admitiu com franqueza que obtivera seus grandes sucessos terapêuticos sempre com os doentes do hospital e nunca com a clientela particular."

Poucos meses antes, Freud traduzira o livro de Bernheim *Sobre a sugestão*. No prefácio a esse trabalho, depois de afirmar que "o hipnotismo encontrou uma acolhida bastante favorável entre as pessoas mais destacadas da ciência alemã, exceto alguns nomes como Krafft-Ebing, Forel e outros", ele faz alusão, embora de maneira velada, a algumas reservas que serão explicitadas oito anos depois em um segundo prefácio, de 1896: "Enquanto Bernheim explica todos os fenômenos do hipnotismo com a sugestão, a própria sugestão permanece absolutamente inexplicada, valendo-se da aparência de não precisar de explicação alguma."

No itinerário freudiano, Nancy é a última cidade visitada antes de aventurar-se decididamente ao longo de um caminho próprio. Trata-se do "método catártico": "Desde o início", dirá ele cerca de vinte anos depois, "exerci a hipnose com um objetivo que nada tinha a ver com a sugestão hipnótica. Vali-me da hipnose para interrogar o doente sobre a gênese de seus sintomas, gênese sobre a qual, no estado de vigília, ele não era capaz de dizer o que quer que fosse, ou dizia muito pouco." Freud deixa para trás, portanto, Charcot e Bernheim: "Os resultados práticos que o método catártico obtém foram realmente muito brilhantes, os defeitos que emergiram num segundo tempo eram, eles próprios, defeitos de qualquer tratamento hipnótico." De fato, rapidamente ele percebe que o "método catártico" não chega a uma "cura" definitiva. Uma "purificação" do sintoma não é realmente suficiente para transformar a realidade psíquica de onde o sintoma tira sua consistência e origem. Adverte assim a urgência de um passo ulterior que irá se constituir no método da "associação livre": a palavra assume um outro estatuto; a "cura" não caminha mais por caminhos de sugestão mas através de um trabalho analítico; o assim chamado "paciente" está na posição não mais de objeto (como no discurso médico) mas de sujeito. Há, portanto, um salto lógico, e não uma continuidade entre a função do analista e a do hipnotista.

Com o método da "associação livre" Freud destaca-se radicalmente de seus anteriores companheiros de viagem. O aspecto ao qual ele dá atenção imediatamente é a importância da sexualidade na origem das neuroses. Para Breuer, com quem elaborara o "método catártico", tal aspecto é inadmissível, insuportável. A bem da verdade, Breuer afastara-se de Viena para um período "de repouso" quando sua paciente, a célebre Anna O., declarou diante de médicos e familiares que esperava um filho dele. Fugindo, Breuer confirma essa fantasia histérica, e se joga a toalha é porque, nesse desafio, não situa a função da transferência. O êxito, afirma Freud, "foi o afastamento de Breuer de nossa colaboração científica: assim fui obrigado a administrar sozinho a sua herança". Enquanto Breuer renuncia à elaboração daquela fantasia de gravidez – uma representação propriamente dita da transferência –, Freud se convence cada vez mais de que tomou a estrada certa: "Comecei a indagar sobre a vida sexual dos doentes ditos neurastênicos, que se apresentavam em grande número no meu consultório. Essa experiência, se é verdade que me custou a popularidade médica, trouxe-me contudo algumas certezas que ainda hoje, passados trinta anos, não se atenuaram."

As verdadeiras viagens têm início quando se prossegue sozinho. Somos verdadeiros exploradores quando já não podemos mais voltar atrás, mesmo que não saibamos como prosseguir. É o que acontece em cada análise quando o trabalho analítico está efetivamente em ação e, ao longo da elaboração do material emerso, procura-se um brecha. Que o analista não sugira, não tente convencer e não responda marca a distância de qualquer referência à sugestão. O analista não transmite nenhum céu de estrelas fixas, não sugere soluções ou abordagens, no máximo as constata. Se existe análise, cada um pode chegar a desenhar o próprio céu e a mover-se na direção da própria abordagem.

Nancy representa para Freud a cidade da averiguação e, portanto, da decisão. Marca um momento inaugural. Com Nancy não mudará apenas o seu modo de viajar, mas a própria noção de viagem será outra: "A tarefa terapêutica foi concebida de maneira diversa, sua meta não é mais fazer 'ab-reagir' o afeto encaminhado para um falso binário, mas desnudar os recalques substituindo-os por uma obra de avaliação da qual brota a aceitação ou a condenação daquilo que em seu tempo foi repudiado. Em consideração a essa nova visão das coisas chamei o meu método de investigação e de terapia *psicanálise*, em substituição ao termo *catarse*."

Depois de muito vagar, depois de se aproximar do "método hipnótico", de em seguida chegar ao "método catártico" e finalmente ao de "associação livre", com essa nova palavra, "psicanálise", a aventura de Freud ultrapassa as colunas de Hércules, deixando para trás o arquipélago da neurologia. "A psicanálise desencadeou uma tempestade de indignação, quase como se fosse culpada de uma inovação criminosa."

Ficará bem contente de encontrar-se em mar aberto. Sua única certeza era de que o perseguiria uma espécie de maldição por parte da medicina acadêmica, e não só dela. Depois de Nancy ele transforma-se num *Selbstdenker*, um pensador independente. Aquilo que daí em diante ele chamaria de "esplêndido isolamento" seria o seu melhor companheiro de aventura.

terceiro capítulo

O MEDITERRÂNEO

*"No pólo oposto da tristeza existe o gaio issaber [*gay savoir*], o qual, este sim, é uma virtude. Uma virtude não absolve ninguém do pecado –original, como todos sabem. ... Nisso tudo, onde está o que traz felicidade, feliz acaso? Exatamente em toda parte. O sujeito é feliz. Esta é até sua definição, já que ele só pode dever tudo ao acaso, à fortuna, em outras palavras, e que todo acaso lhe é bom para aquilo que o sustenta, ou seja, para que ele se repita. O espantoso não é que ele seja feliz sem desconfiar do que o reduziu a isso – sua dependência da estrutura –, mas que adquira a idéia da beatitude, uma idéia que vai tão longe que o sujeito sente-se exilado dela."*

JACQUES LACAN, 1974

Ultrapassadas as colunas de Hércules, é tempo de enfrentar o mar aberto, o Mediterrâneo: um mar sulcado e habitado por culturas e civilizações milenares. Todo "nórdico" pressente seu mito. Para Freud, o Mediterrâneo significa muito mais. Em particular, considera que Roma representa o ponto decisivo do próprio itinerário, quase a sua "cidade celeste". Chegar a Roma é uma questão crucial. Por muitos anos, aproxima-se, ronda-a, pensa em dar o passo decisivo, mas depois adia. Estuda os mapas toponomásticos da "cidade eterna" até de noite, lê livros de arqueologia e de história. Mas espera e adia, quase como se Roma constituísse o umbigo de sua aventura. O que o faz hesitar? Só depois da morte do pai, em 1896, ousa finalmente ir a Roma, "símbolo e pretexto de vários outros desejos ardentemente acalentados". Durante sete anos suas viagens à Itália resultam labirínticas.

Vamos tentar segui-lo enquanto passa de uma cidade à outra, ano após ano, mantendo distância de Roma. Em 1895, como vimos, visita Veneza. No ano seguinte retorna ainda uma vez à cidade, depois vai a Pádua e, enfim, Florença. Em 1897, em menos de vinte dias, cumpre um itinerário incrivelmente tortuoso: Veneza, Pisa e Livorno, Siena, San Giminiano, Chiusi e Orvieto, Bolsena, Spoleto, Terni, Assis, Perúgia, Arezzo, Florença. Na Páscoa de 1898 vai a Áquila; no verão vai à Dalmácia (em Ragusa), depois visita Brescia, Milão, Pavia, Monza e Bérgamo. No verão de 1900, depois de ter se encontrado pela última vez com Fliess em Achensee, volta a Veneza, visita Trento, Lavarone, Riva e para finalizar, Milão e Gênova. Quando chega finalmente a Roma, muda o seu modo de viajar: é uma reviravolta que instaura um outro tempo lógico.

Suas viagens a cidades e países do Mediterrâneo, o avanço até a fronteira onde cresce a "amada oliva", desenrolam-se durante os períodos estivos, quase como férias ou visitas turísticas. De um modo ou de outro, estão sempre em questão cenas, paisagens, imagens e fronteiras. É o que ele chama de *Sommerproblem*, o problema estivo. De que se trata? Ele o diz numa carta ao amigo Oskar Pfister: "Nesse período do ano ganho uma evidentíssima semelhança com Colombo. Como ele, tenho nostalgia da... terra." Em uma carta a Fliess, enquanto comunica suas recentes reflexões teóricas, escreve também: "... às vezes o pesquisador encontra mais do que gostaria". A mesma idéia reaparece em outra carta a Fliess, cinco anos depois: "Aquele que busca, encontra muitas vezes mais do que gostaria." Enfim – pela terceira vez no arco de mais ou menos vinte de anos – o mesmo motivo reaparece no ensaio de 1914, *A história do movimento psicanalítico*. O buscar e o encontrar não pertencem ao mesmo registro: o primeiro nunca alcança o segundo, como no paradoxo de Aquiles e a tartaruga. O saber se aproxima da verdade, mas não a alcança jamais.

Que cidade Freud procura? E, por outro lado, que cidades encontra? De uma página de *Os chistes* (1905): "Dois judeus encontram-se num trem, em uma estação da Galícia. 'Onde vais?', pergunta o primeiro. 'A Cracóvia', responde o outro. 'Mas que mentiroso', resmunga o primeiro. 'Se dizes que vais a Cracóvia, queres que eu acredite que vais a Leopoli. Mas eu sei que vais mesmo a Cracóvia. Por que mentes então?'" Freud comenta a "grande agudeza" dessa "saborosa historinha", detendo-se no mecanismo do contra-senso: "O outro mente quando diz a verdade e diz a verdade com uma mentira. O mais sério desse chiste é, todavia, saber qual seja o critério da verdade." E prossegue: "Acaso existiria verdade quando se descrevem as coisas assim como são e não se tem a preocupação de saber como aquele que ouve irá compreender as nossas palavras? Ou trata-se apenas de verdade jesuítica, enquanto a real veracidade consistiria antes em levar em conta aquele que ouve, oferecendo-lhe um quadro fiel do que sabemos?" E conclui: "Considero os chistes dessa espécie suficientemente diversos dos outros para reservar-lhes um lugar particular. Eles não atacam uma pessoa ou uma instituição, mas a segurança mesma de nosso conhecimento, um de nossos bens especulativos." O mesmo tema é abordado na 35ª aula das *Novas conferências introdutórias à psicanálise* (1932): "Uma vez eliminada a ciência, o posto agora livre será ocupado por uma forma qualquer de misticismo, ou ainda pela velha *Weltanschauung* religiosa ... . No momento em que o critério de verdade desaparece, é completamente indiferente a que posição aderimos. Todas são igualmente verdadeiras e igualmente falsas." Depois comenta: "É provável que enfrentemos situações semelhantes derivadas do conhecido paradoxo: 'Um cretense diz que todos os cretenses são mentirosos'."

O Mediterrâneo e seu centro, constituído por Roma, são para Freud o emblema que assume a representação de uma prova de verdade. Ao visitar, mesmo que cuidadosamente, algumas cidades mediterrâneas, ele sabe que põe em jogo "a própria segurança do conhecimento", a reciprocidade entre buscar e encontrar, a coextensividade entre saber e verdade. Sua ética o leva a não se deixar enganar por aquilo que já é "conhecido", mas também por aquilo que eventualmente é descoberto. Como num jogo de aparências, de deslocamentos, de miragens, de superposições, de mal-entendidos. O trabalho do inconsciente e o procedimento analítico funcionam ao longo dessa mesma lógica. Provavelmente Freud não ignorava o verso de Goethe: "Nunca se vai tão longe como quando não se sabe onde se está indo."

Visitar paisagens e cidades italianas como Veneza, Milão, Lavarone, Rapallo, e outras ainda, é como abandonar-se a um antigo sonho. Também em relação às outras cidades (na verdade, nem tão mediterrâneas assim), como Praga, Zurique, Salzburgo, trata-se do mesmo sonho e talvez do mesmo temor: como se chegar ao centro do labirinto comportasse uma espécie de punição divina. Em 1938, exilado em Londres, ele acaba de escrever *Moisés e o monoteísmo*, aprofundando-se na problemática do parricídio simbólico e da origem do monoteísmo hebraico. Em uma página encontramos uma estranha consideração: "O sentimento de culpa ... tomou conta de todos os povos do Mediterrâneo, quase um presságio de desgraças cujo fundamento ninguém sabia indicar" – menção que parece aludir, num efeito retroativo, ao próprio itinerário: o gesto de aportar em Roma encerra o eco inquietante de um parricídio simbólico.

Nos textos e no epistolário desse período, a descrição das cidades visitadas ano após ano é acompanhada muitas vezes por episódios estranhos, recordações, sonhos, considerações sobre o percurso empreendido. É um material que se assemelha mais a um diário clínico que a um diário de viagem. De todo modo, Freud viaja para descobrir, para explorar, para encontrar e também, por vezes, para reencontrar. Definitivamente, ele viaja para elaborar um antigo mito, para submetê-lo a uma prova "científica", para reescrevê-lo ao longo da própria história. Não é por acaso que, originalmente, *historeo* significava "exploro", "pesquiso", "investigo", "visito" e também "venho a saber", "conheço através de pesquisa", até mesmo "exponho o que investiguei e aprendi" e "pinto". Carlo Sini observa em *I segni dell'anima* que, se tomarmos todas as acepções do termo *historeo* em conjunto, temos um quadro absolutamente preciso e exaustivo daquilo que nós, no Ocidente, entendemos por 'ciência' e por 'pesquisa científica', seja quando tal pesquisa se desenvolve no âmbito das chamadas ciências naturais, seja quando se refere às ciências do espírito ou ciências históricas."

Ultrapassar as colunas de Hércules é o gesto com que Freud deixa para trás o discurso científico adquirido durante os estudos universitários. Se suas viagens no Mediterrâneo parecem erráticas e labirínticas é porque seus passos são "historiados" por uma outra coerência e por um olhar diferente sobre os "fatos da ciência".

Bellevue, 1895

"POR ORA AS PERSPECTIVAS SÃO MÍNIMAS"

Situada em uma elevação nos arredores de Viena, Bellevue está imersa entre os bosques e as colinas da Wienerwald. Chega-se a ela percorrendo uma estrada que hoje se chama Himmelstrasse, literalmente "rua do céu". Para Freud, é um lugar estivo: lá, no curso dos anos, passa longos períodos em que se dedica à leitura, a escrever apontamentos, notas, projetos e à correspondência. A frase que comunica a Fliess a sua partida para Bellevue é lapidar: "Segunda-feira nos transferimos para o Céu." As cartas têm também um outro tom: "Sinto-me tão bem que não tenho pressa alguma. Meu coração está totalmente tomado pela psicologia. Se isso der certo, ficarei satisfeito quanto a todo o resto. É muito pesado ter, nesse meio tempo, que me manter sozinho." Em 24 de julho de 1895 – dia em que Freud teve aquela que ele mesmo definiu como a "intuição decisiva" para a compreensão do sonho –, ele envia a Fliess uma frase que tem o sabor de uma mensagem em código: "Vivemos muito contentes no Céu." Mas menos de três semanas depois: "A psicologia é realmente uma cruz. Jogar bocha ou catar cogumelos são, de qualquer forma, passatempos mais saudáveis. Não tinha outro propósito senão explicar o conceito de defesa, e não o de explicar alguma coisa que vem do coração da natureza. Tive que trabalhar a fundo o problema da qualidade do sonho, da memória, em resumo, da psicologia como um todo. Agora não quero nem ouvir falar nisso."

Por diversos anos Freud passou as férias de verão com a família em Bellevue, quase como se fosse um lugar no qual surgem novas imagens e sobretudo novas idéias. "As manhãs e as tardes são encantadoras; depois dos lilases e do codesso, agora também as acácias e os jasmins perfumam, desabrocham as rosas-caninas, e tudo acontece repentinamente. Não acha", pergunta a Fliess, "que um dia será possível ler a seguinte placa na casa: 'Nessa casa, no dia 24 de julho de 1895, revelou-se para o dr. Sigm. Freud o segredo do sonho'? Mas por ora as perspectivas são mínimas." De fato, justamente naqueles dias anuncia de Bellevue ao amigo que começou a redigir uma "exposição sumária" de seu projeto de psicologia geral: "Meu cérebro repousado agora resolve como num jogo as dificuldades até então acumuladas." Nessa jornada de julho, depois de analisar longamente um sonho seu (o da "injeção de Irma"), reconhece com satisfação que levou a termo, completamente e pela primeira vez, uma interpretação. É um trabalho inaugural. Bellevue transforma-se no lugar que abre uma nova fase de pesquisa, não obstante as inquietações e as tentativas.

A fantasia a respeito da placa que inscreveria na pedra o advento da decifração do "segredo do sonho" irá se realizar cerca de oitenta anos depois, em 1977, quando foi afixada na Villa Bellevue uma placa com as palavras imaginadas por Freud. "Faz pensar naquela paisagem e em Freud, que a olhava lendo nos perfis curvilíneos da cidade distante um mapa dos meandros interiores nunca completamente explorados", observa Claudio Magris em *Danúbio*.

Bellevue não é, a bem dizer, uma cidade: é uma paisagem, uma cena que permite o trabalho e o surgimento de outras idéias, a irrupção de outros pensamentos, alguns fulgurantes. Depois de tanto esforço, Freud tem a nítida convicção de ter ultrapassado uma fronteira. Os "caminhos do céu" e os caminhos do inconsciente são infinitos. Agora o horizonte pode ser visto com um olhar diferente, o do sonho. De que observatório senão de Bellevue, ou seja, de uma "bela vista"? Viena, a cidade tão adversa para Freud estava lá, visível do alto daquela colina. Talvez não se tratasse mais de Viena, ou talvez aquela perspectiva a deixasse irreconhecível. Quando volta para a capital no final de setembro, é tomado pela urgência extrema de anotar e articular reflexões, hipóteses, conexões. Escreve a Fliess: "Se pudesse falar com você só sobre isso, durante 48 horas consecutivas, é provável que pudesse fechar a questão. Mas isso é impossível."

Em Nancy ele chega a uma hipótese precisa de trabalho; em Bellevue tal hipótese é posta em prática. A aventura recomeça aqui, desse ponto *alto* que garante uma perspectiva insólita. A partir daquela "estrada do céu" e daquela "bela vista", seu olhar saberá sondar outras fronteiras e outros horizontes. O fato de que Viena seja percebida como um obstáculo não tem mais importância. As dificuldades estão alhures, na análise da estrutura do sonho e em sua teorização. A velha idéia de partir de Viena é só uma lembrança. Se é verdade, como ele afirma, que "na Áustria não existe realmente nada que não seja austríaco", já não se trata de exílio, mas de uma partida deliberada para terras estrangeiras.

Veneza, 1895

A ÁGUA E A ESCRITA

Uma alusão fugaz a Veneza antecede em dez anos a primeira visita de Freud a essa cidade. "Gostaria que pudéssemos aceitar o convite para uma estadia no palácio Buffo em Veneza", escreve a Martha. A misteriosa alusão refere-se à hospitalidade oferecida provavelmente por um colega conhecido em Paris, em 1885, na época de seus estudos com Charcot.

Quando vai pela primeira vez a Veneza, o tom é entusiasmado: "Você não vai receber muitas descrições. Não me é possível fazê-lo por causa da embriaguez que Veneza provoca", escreve à noiva em 1895. "Estamos extraordinariamente bem e todo dia temos onde passear, embarcar-nos, olhar, comer, beber. De manhã vamos sempre ao Lido: por vinte minutos tomamos banho de mar, com uma areia deliciosíssima sob os pés. Ontem subimos ao campanário de San Marco. Atravessamos a cidade a pé partindo de Rialto e assim pudemos ver as coisas mais notáveis: uma igreja, os Frari, a escola de San Rocco, gozando a não mais poder as obras de Tintoretto, Ticiano e Canova. Estivemos quatro vezes no café Quadri, na praça, escrevemos cartas, fizemos compras e esses dois dias parecem meio ano." De uma carta a Fliess: "A incrível magia dessa cidade vinha me impedindo até agora de escrever-lhe. Impossível tentar descrevê-la. Hoje faz um calor terrível, tanto que não se consegue suportar a luz e, enquanto Alexander faz a sua sesta depois do almoço, posso escrever."

Freud retornará a Veneza, dessa vez na companhia de Martha, em 1898. Em *A interpretação dos sonhos* narra um sonho que teve durante sua estadia: "Estávamos na janela de nosso quarto na Riva degli Schiavoni e olhávamos a laguna azul, na qual notava-se naquele dia um movimento maior que o usual. Navios ingleses eram esperados e precisavam ser recebidos com solenidade. De repente, minha mulher gritou, alegre como uma menina: 'Olhe, o navio de guerra inglês!'. No sonho essas mesmas palavras me assustam." Mais adiante tenta elaborar os elementos contitutivos desse sonho: "Examinando melhor o objeto do sonho, ou seja, o navio, noto num segundo tempo que ele era negro e que, com o corte no sentido da largura máxima, vinha a ter uma semelhança distante com um objeto que despertara nosso interesse nos museus da cidade etrusca. Era uma taça de cerâmica negra com duas alças ... . Soubemos que se tratava da caixa de toilete de uma senhora etrusca, com os vasinhos de carmim e pó-de-arroz... O objeto do sonho significa, portanto, toalete negra, luto, e alude diretamente a um caso de morte. Pela outra extremidade, o objeto do sonho lembra o 'barquinho' sobre o qual, em tempos pré-históricos, eram postos os cadáveres, entregando-os ao mar para a sepultura. Eis por que no sonho os navios retornam. *Still auf gerettetem Boot, treibt in den Hafen der Greis.*" As últimas palavras são tiradas da poesia "Espera e realização" de Schiller: "Sobre a barca livre, navega silencioso para o porto, o velho." Comenta Freud: "É o retorno depois do naufrágio e, de fato, o navio das primeiras horas da manhã parece como que partido no sentido da largura." Significativo que o tema do naufrágio apareça no sonho, e desse modo estranho, justamente em Veneza. Além disso, entre parêntese, ele anota: "Segundo o que me foi comunicado por um amigo filólogo, *Nachen* [barquinho, bote] provém da raiz *nékus* (cadáver)."

Há um outro sonho sobre Veneza que remonta a outubro de 1897, precedendo portanto, em um ano, o sonho do navio de guerra. "Vi o crânio de um animal pequeno", escreve a Fliess, "que, no sonho, pensei que pertencesse a um 'porco': não excluo que isso esteja associado ao augúrio que você me fez dois anos atrás, ou seja, de que eu também encontrasse no Lido um crânio de ovelha que me iluminasse, como aconteceu com Goethe. Infelizmente, porém, não o encontrei. Era, então, uma pequena 'cabeça de ovelha'. Todo o sonho era cheio das mais pungentes referências à minha atual incapacidade como terapeuta." "Cabeça de ovelha", em alemão *Schafskopf*, é uma expressão que significa "burro", "tolo", "imbecil". Essa palavra, tomada no trabalho onírico de condensação e deslocamento, remete ao impasse em que Freud se encontra.

O "crânio de ovelha" encontrado na praia do Lido refere-se a um episódio efetivamente relatado por Goethe em seu *Tag und Jahresnefte*, de 1790: "Em um de meus freqüentes passeios pelas dunas do Lido, aconteceu-me de encontrar um crânio de ovelha tão afortunadamente quebrado que me confirmou, mais uma vez, a grande verdade que há tempos conhecia, ou seja, de que todos os ossos do crânio têm sua origem em vértebras transformadas ..., e fez renascer minha velha fé, consolidada pela experiência que se baseia na observação, segundo a qual a natureza não tem nenhum segredo que não se revele, em algum ponto, aos olhos de quem a observa com atenção." O princípio empírico descrito por Goethe – atentar para a singularidade em contraposição a provas quantitativas ou preparadas pelo experimentador – é relevante para o método utilizado por Freud. Mario Lavagetto (*Freud, la letteratura e altro* [Freud, a literatura e outros]) observa que o sonho de Freud remete idealmente a "Goethe, o grande escritor e grande cientista que defende os direitos da imaginação científica", pois "encontra um crânio quebrado ao passear na praia do Lido em Veneza e dele extrai uma teoria revolucionária que foi rejeitada pelos cientistas seus contemporâneos". É quase um traço de identificação: Freud imagina idealmente colocar-se ao lado de Goethe. Ele também, passeando na praia do Lido, gostaria de demonstrar a tese em que trabalha.

Se por um lado pode ser considerada como uma primeira etapa de aproximação da Itália, por outro Veneza representa a cidade da prova. O episódio de Goethe, que casualmente faz uma descoberta científica na praia do Lido, irrompe no segundo sonho que reportamos. É como se o crânio de ovelha fosse o símbolo de um desejo almejado com ânsia. Essa satisfação está muito longe de se realizar: se a "cabeça de ovelha" da narrativa de Goethe assume o sentido de uma descoberta científica, no sonho de Freud torna-se literalmente um epípeto, um título injurioso. Ao fundo, temos os significantes que apareciam no primeiro sonho: a questão do naufrágio, da derrota, da morte, temas que muitas vezes enchem o imaginário de Freud quando se aproxima e adentra o Mediterrâneo. Veneza é a cidade construída sobre a água. O complexo e invisível sistema das fundações, a rede de canais navegáveis, os atracadouros são percursos aquáticos. As pontes, as passarelas, as passagens tortuosas, os pátios são percursos terrestres. Esses caminhos duplos e alternados evocam incerteza e o risco de perder-se. Expondo algumas considerações relativas ao sucesso da experiência analítica, quatro decênios depois de sua visita a Veneza, Freud recorre à imagem da água: "Às vezes tem-se a impressão não tanto de ter trabalhado com barro, mas antes de ter escrito na água. Vale aqui a advertência 'o que logo se faz, logo se desfaz'." Qual o construtor de uma ponte que consiga atingir regiões inexploradas do inconsciente, Freud quase tem medo de cometer um sacrilégio.

Mas há também a argila, a terra, a pedra. As fundações da cidade psicanalítica, com suas estradas e suas pontes que a ligam a outras cidades, para Freud devem estar apoiadas em terra firme. "Por que a ponte não desmorona, dado que não tem apoio?", perguntava-se Heinrich von Kleist. "Mantém-se de pé porque todas as pedras querem se precipitar ao mesmo tempo." Evocamos essa imagem porque, nessa fase, o esforço de Freud é para inventar a ponte teórica capaz de sustentar a passagem para novas fronteiras. Para continuar na metáfora: não se trata de pedras comuns, mas é preciso que cada uma tenha uma forma, um corte e uma posição extremamente precisos. É uma questão de articulação: tudo depende, assim como num jogo de encaixe, de como essas pedras serão predispostas e colocadas em uma seqüência. "O que logo se faz, logo se desfaz": o chiste refere-se ao "ganho perene" do trabalho analítico.

"Houve", escreve Freud em uma carta a Fliess, "um bom número de sucessos, mas talvez tenham sido apenas indiretos, como se tivesse aplicado a alavanca em uma direção que, de todo modo, corresponde a um componente da linha de fratura da coisa: só que a própria linha permanece desconhecida para mim." Em 1932: "Se jogamos no chão um cristal, ele se despedaça, mas não de modo arbitrário: parte-se em pedaços segundo as suas linhas de descamação, cujos contornos, embora invisíveis, estavam todavia determinados anteriormente pela estrutura do cristal." Curioso esse interesse de Freud pelas linhas de fratura e de descamação das pedras e cristais. No fundo, como bom observador, quer conhecer a estrutura da matéria antes de trabalhá-la e transformá-la. Mas logo percebe que a matéria psíquica é dupla, ambígua, heterogênea, constituída por "grandezas difíceis de captar".

Os caminhos aquáticos e terrestres de Veneza, com suas redes de percursos que se cruzam, transformam-se na cena em que vemos Freud às voltas com seu projeto. Entre as "grandezas difíceis de captar" estão também as leves pulsações da superfície da água, conforme o ritmo das marés. Na superfície, dizia Hugo von Hofmannsthal, esconde-se o profundo. Logo Freud irá aprender que "no inconsciente nada pode ser levado a termo, nada é transcorrido ou esquecido".

Praga, 1896

DEPOIS DE BABEL

Praga surge na correspondência com Fliess quase de passagem. Na carta de 7 de março de 1896, Freud dirige-se ao amigo para avaliarem onde deveriam se encontrar para seu "congresso". "Como sede: Praga, Dresden, Nuremberg ou qualquer outra cidade. A favor de Praga depõe o fato de que nenhum de nós dois a conhecemos, mas isso a bem dizer também depõe contra. Contra Nuremberg ou qualquer outra cidade alemã vale a mesma objeção, ou seja, que poderia despertar um interesse independente do congressual. Contra Dresden não há objeções notórias desse tipo. Peço-lhe que se pronuncie sobre as datas que propus." Insólitas considerações. Parece que não pode haver Praga sem as outras duas cidades, Nuremberg e Dresden. Como se a escolha tivesse que acontecer entre três cidades, de modo não muito diverso do Mercador de Veneza, quando Shakespeare apresenta o tema dos três escrínios. Qual é, para Freud, a aposta em jogo? Qual é a cidade "justa"?

Vamos tentar seguir essa cidade, Praga, em seus aparecimentos no epistolário de Freud. Na carta a Fliess de 6 de abril de 1897, isto é, cerca de um ano depois: "Amo Nuremberg muito mais que

Praga e gostaria mais ainda de poder associar Veneza a seus momentos disponíveis, se Veneza fosse uma cidade que permitisse passear." Cá estamos nós de novo: dessa vez, Praga é evocada ao lado de Nuremberg e de Veneza. Nas cartas a Fliess de dezembro do mesmo ano Praga ressurge, sempre como provável cidade de encontro: "Quando decidimos da última vez contra Praga, os sonhos tiveram grande peso na escolha. Você não quis vir a Praga, sabe qual o motivo, mas contemporaneamente tive o seguinte sonho: estava em Roma, caminhava pelas ruas surpreso porque ruas e lojas tinham nomes alemães. Despertei e me dei conta imediatamente de que a Roma dos meus sonhos era, na realidade, Praga (onde, como todos sabem, as placas das ruas são escritas em alemão). Assim o sonho realizou o meu desejo de vê-lo em Roma, mais do que em Praga."

Vamos nos deter para observar as variantes do mesmo sonho contado em uma página da *Interpretação dos sonhos*: "No dia anterior, com veia profética, escrevi a meu amigo que Praga não poderia oferecer uma estadia cômoda para hóspedes alemães. O sonho exprimia, portanto, o desejo de encontrá-lo em Roma mais do que numa cidade da Boêmia, e o augúrio – remontando provavelmente a meus anos de estudante – de que em Praga fossem mais tolerantes com a língua alemã. De resto, nos primeiros anos da infância eu provavelmente entendia a língua tcheca, tendo nascido em uma pequena aldeia da Morávia com população eslava. Um cantiga tcheca, que ouvi quando tinha cerca de 17 anos, imprimiu-se com tanta facilidade em minha memória que sou capaz de repeti-la ainda hoje, embora não tenha a mínima idéia do que significa."

Praga é quase sempre colocada junto com outras cidades: não há uma sem as outras. Escolher uma (para encontrar-se com Fliess) inclui a perda das outras. Não estaria talvez em ação uma idéia relacionada ao encontro, a seu tom, a seu efeito de verdade? Que o encontro será com Fliess, nós sabemos; não sabemos – e talvez nem

Freud o soubesse – o que ele esperava de tão decisivo e determinante. Como se, em conformidade com o que acontece no ato analítico, o encontro fosse calculável, mas não o que poderia acontecer lá.

Seus sonhos evidenciam uma estranha confusão das cidades (Praga e Roma) e das línguas (alemão e tcheco): Freud pensa no encontro marcado em Praga e sonha com Roma. Começa a pensar em Roma, no seu encontro com esse mito inalcançável, e emerge uma lembrança relacionada a Praga, ou seja, uma cantiga tcheca a qual ele afirma que pode "repeti-la ainda hoje, embora não tenha a mínima idéia do que significa". Mas acrescenta: "... eu provavelmente entendia a língua tcheca". É bem assim: a experiência analítica tem início ao longo de um trabalho voltado para o entendimento dos dialetos que habitam a língua do inconsciente. Cada um deles é tal qual uma cidade a revisitar ou a explorar como se fosse desconhecida.

Em um artigo de 1924, "Nota sobre o 'bloco mágico'," Freud fala do bloco mágico que "promete mais eficácia que folha de papel, ou a lousa" e "pode oferecer tanto uma superfície sempre disposta a receber novas notas, quanto as marcas permanentes das anotações já feitas". Com esse "pequeno utensílio", observa Freud, "temos uma representação tangível da minha hipótese sobre o funcionamento do aparato perceptivo de nossa psique". No palimpsesto da própria história, no qual restam "traços mnêmicos permanentes", Freud lê uma antiga cantiga em língua tcheca que, quando jovem, "provavelmente" compreendia. Hoje pode repeti-la de memória, embora não tenha "a mínima idéia do que significa".

A exploração analítica parte de um mapa no qual estão assinaladas todas as cidades. Não se sabe nem mesmo quais são as línguas faladas. Questão de rastros, de signos, de alfabetos, de hieroglifos. De línguas esquecidas ou desaparecidas. De idiomas que falamos sem compreender e de idiomas que compreendemos sem conseguir falá-los. Uma análise começa em Babel e termina com Pentecostes: a cada um a sua língua.

Karlsbad, 1897

"SE A NOSSA CONSTITUIÇÃO RESISTIR"

Lá estiveram Goethe, Schiller, Beethoven, os csares da Rússia, Bismarck, Tolstói, Marx. O nome originário dessa elegante cidade termal era Karlovy Vary, rebatizada pelos alemães como Karlsbad. Nos epistolários freudianos seu nome é associado a episódios divertidos. Eis, por exemplo, o tom de uma missiva endereçada a Fliess em 3 de janeiro de 1897: "Meu caro Wilhelm, não fracassaremos! No lugar da passagem que estamos procurando descobriremos mares que serão explorados mais a fundo por aqueles que virão depois de nós; mas se não sucumbirmos prematuramente e se a nossa constituição resistir, conseguiremos chegar lá. *Nous y arriverons.*"

O explorador está convencido da existência da passagem que busca, embora não seja capaz de demonstrá-lo. A passagem que abre um novo caminho é como uma abertura em uma cortina. Questão de vida ou morte, costuma-se dizer. Questão de arte, podemos acrescentar. A instância do absoluto que acompanha uma empresa é por vezes associada à representação de um limite que se inscreve sobre o corpo. Tatuagem, marca, corte, cicatriz. Aqui não é o verbo que se faz carne, mas o contrário: é a carne que carrega a inscrição do verbo. São signos que assumem as tintas do trágico, do sacrifício ou do gesto sobre-humano. Ou se chama simplesmente morte. O absolutismo do gesto artístico, por exemplo, é próximo do tema da morte. Se não a alcança no real, muitas vezes a representa ou a presentifica: seguramente põe em jogo a instância do corpo até ameçar-lhe a integridade. (Cf. Jean Clair, *Medusa.*)

"Não fracassaremos, se a nossa constituição resistir." A alusão remete a um historieta reportada na *Interpretação dos sonhos*: "Um judeu pobre consegue embarcar sem bilhete no expresso para Karlsbad. Pego em flagrante, é afastado do compartimento a cada controle e tratado sempre mais duramente até que, em uma das estações de seu calvário, encontra um conhecido que lhe pergunta para onde está indo. Para Karlsbad, responde, se a minha constituição resistir." Aqui Freud veste o hábito do humorismo em algo que pressente como enigma.

Todas as vezes que vai a Karlsbad é por um motivo de saúde: distúrbios no coração, na respiração e outros achaques. Pensa com freqüência, ou finge acreditar, que é a saúde que lhe falta. Também ele em matéria de saúde – um dos modos de pensar o corpo – não é isento de um traço histérico. Em uma carta a Fliess de 1898, depois de mencionar as condições "quase repelentes no plano físico" da vida vienense, observa: "Isso significa simplesmente que fica-se velho e nervoso, ou seja, que a constituição está cedendo. Esta sempre esteve muito exposta à ação corroborante de impressões psíquicas, por isso estou esperando o Natal com a mais desmesurada alegria". Em 1911: "Meu tratamento em Karlsbad não é um completo deleite e decidi acender uma outra vela se conseguir me libertar de todas as moléstias que me acometem." Em 1912: "Este ano, graças a Karlsbad, trabalhei muito mais intensa e facilmente do que nos anos anteriores ... ."

Em uma carta de 1915 à filha Anna, conta um curioso episódio acontecido no hotel Rudolfshof, da cidade termal: "Ofereceu-se uma outra ocasião de eu me tornar escritor. Diante do salão onde tomamos o café da manhã há uma barraquinha onde um homenzinho pesa as pessoas, convidando seus clientes com essa horrível quadrinha: *So wahr dass Gottes Augenlicht/ Hat jeder Kurgast sein Gewicht/ Darum soll er es nicht unterlassen/ Im Freundschaftssaal sich wägen lassen.* Tomei a liberdade de perguntar ao homem quem escrevera tal poesia e ele respondeu que era obra sua, embora soubesse muito bem que não estava isenta de erros. Comovido com aquela modéstia, pus mãos à obra para substituir aqueles versos absurdos e, no dia seguinte, utilizando as suas idéias, elaborei esses versinhos: 'Todo hóspede das termas, com um coração e uma vista, tem também um peso, e não deve esquecer de pesar-se.' O homenzinho elogiou muito os meus versos e prometeu usá-los na próxima temporada."

Por que Freud se dá ao trabalho de corrigir e até reescrever tais versos? Talvez encontre neles, na metáfora que lia, algo que o toca de perto. De fato, cotejando-se a metáfora do *peso* ("todo hóspede ... não deve esquecer de pesar-se") àquela da *constituição* ("se minha constituição resistir"), não teríamos uma espécie de teorema, segundo o qual nas grandes explorações é necessário saber pesar a própria constituição? Se, ademais, o peso alude à gravidade, seu contrário é, mais que a leveza, a graça. Esta comporta a eventualidade de ser *antigrav*, ou seja, isenta de gravidade, como indica Von Kleist em seu *Teatro das marionetes*. O explorador não pode se sobrecarregar com fardos inúteis. Sua graça só intervém depois que elaborou a própria "constituição", que é, antes de tudo, *pulsional*. Kleist, a seu modo, sublinha isso: "... encontra-se a graça depois que o conhecimento, por assim dizer, atravessou o infinito."

Ferruccio Masini (*A via excêntrica*) sugere algo de muito sutil a esse respeito: "A marionete descreve, em sua dança, os hieroglifos daquele salto no incerto, fora da terra firme da consciência reflexiva, ensina a dançar mal tocando o terreno." Não é, em suma, a árdua geografia do terreno que determina os passos da marionete, mas é esta última que, mal tocando o terreno, nele desenha os hieroglifos de seu movimento: inscreve nele o rastro de sua própria dança, do próprio itinerário, da própria passagem. Trata-se de uma reviravolta: não é o peso ou a gravidade das coisas a fazer com que se escolha um terreno menos dificultoso, pois com a graça esse terreno inexplorado ficará marcado pela passagem do explorador. O inconsciente é aquele continente desconhecido marcado, roçado, desenhado pela passagem de Freud, pelo estilo e pela ética de sua empresa.

Karlsbad poderia representar a cidade da "saúde" e do "repouso", talvez até da "leveza". É simplesmente uma estação termal, na qual a idéia de cura evoca nuanças caricaturais, parodísticas, seguramente festivas. Para Freud, ao contrário, é um lugar que alude ao enigma do corpo, seu funcionamento, sua resistência, sua constituição, sua estrutura pulsional e psíquica.

Quando Freud dirige sua atenção para a complexidade conceitual inerente ao termo "constituição psíquica", aproxima-se em alguns aspectos de uma certa noção de graça. Mais ainda: considerando-se a si próprio como desprovido de qualquer graça (no sentido teológico do termo) e esforçando-se para teorizar uma eventual "constituição psíquica" inventa uma teoria das pulsões, ou seja, percebe que o corpo, em suas relações com o psíquico, é essencialmente um *corpo pulsional.* A medicina deteve-se no corpo anatômico, biológico, fisiológico ou patológico. Com a psicanálise – sobretudo depois dos anos 1920, isto é, com a introdução da problemática da pulsão de morte – o corpo assume um outro estatuto. Somente uma observação: "A pulsão é algo que se situa no limite entre o psíquico e o somático."

Muitas vezes, retornando a Viena depois da pausa de verão, exprime pensamentos como: "... essa cidade fere a alma e volta a deixar exposta a parte sobre a qual uma segunda pele começara a se formar". Eis a constituição psíquica de Freud: não se poupa, não teme sofrer ulteriores feridas e ofensas. Ao corpo, assim como ao psíquico, importa a eventualidade de dispor, além da "segunda pele", de uma *outra pele*: podemos chamá-la de graça, ou seja, efeito de uma aliança com o inconsciente. Essa graça provém de uma colaboração com o inconsciente, atinge sua inteligência e suas fontes. Podemos conquistá-la. É uma arte da leveza, da ausência de peso, do deixar-se levar. Do saber se abandonar à saúde psíquica.

Ragusa, 1898

O INCONSCIENTE E A JUSTIÇA

Em agosto de 1898, Freud vai à Itália para visitar algumas cidades: Miramar, Duíno, Veneza, Áquila. "Hoje ao meio-dia parto com

Martha para o Adriático; decidiremos ao longo do caminho se vamos parar em Ragusa, Grado ou qualquer outro lugar." E acrescenta: "Para ficar rico, segundo um ditado aparentemente excêntrico mas sábio, é preciso vender a última camisa." Ei-lo então preparando-se para uma nova viagem, às voltas com algo extremo. O mesmo extremismo aflora, quase com temor, na carta que envia a Fliess assim que retorna a Viena: "... não devo provocar deuses e homens com outras viagens ... ."

Não sabemos que motivos, ao longo do caminho, o levaram a parar em Ragusa, antiga Dubrovnik. Sabemos apenas que escolheu essa cidade como base para organizar passeios a outras localidades. "Um dia", conta Freud em *O mecanismo psíquico do esquecimento*, "saí da bela Ragusa para ir de coche a uma cidade vizinha da Herzegovina; a conversa com meu companheiro recaiu na situação das duas regiões (Bósnia e Herzegovina) e no caráter de seus habitantes. Discorri então sobre algumas características próprias dos turcos que vivem em tais regiões .... Logo a conversa deslocou-se para a Itália e para a pintura, o que me deu a ocasião de recomendar vivamente a meu companheiro que fosse, vez ou outra, a Orvieto para contemplar os afrescos do ciclo do fim do mundo e do juízo final, com os quais um grande pintor decorara uma capela do Domo. O nome do pintor me escapava e não houve jeito de lembrá-lo. Forcei a memória, passei em revista todos os detalhes dos dias em Orvieto e pude constatar que nenhum deles se atenuara ou se apagara. Conseguia, aliás, representar as imagens de forma mais viva do que normalmente consigo." Continua em seguida a analisar "as circunstâncias em que se produzira o esquecimento".

Uma versão mais breve do mesmo episódio é narrada no primeiro capítulo da *Psicopatologia da vida cotidiana* (1901) e também numa carta a Fliess: "Não conseguia recordar o nome do grande pintor que pintou o *Juízo Final* de Orvieto, o mais grandioso que vi até hoje. Vinham-me à mente Botticelli e Boltraffio, mas estava certo de me enganar. Por fim me veio o sobrenome: Signorelli. O fato de ter lembrado em seguida do nome, Luca, demonstrava que eu estivera lidando com um recalque, ou melhor, com um esquecimento propriamente dito. Fica claro o motivo por que o nome Botticelli se apresentou: somente o '*Senhor*' [*Herr*] fora recalcado. O 'Bo' em ambos os nomes [Boltraffio e Botticelli] explica-se com uma lembrança, responsável pelo recalque, e que se referia a algo que acontecera na Bósnia e que começava assim: '*Herr* [senhor], o que posso dizer?' Esqueci o nome Signorelli durante uma breve viagem à *Her*-zegovina, viagem que fiz de Ragusa com um assessor de Berlim, com quem me aconteceu, durante o trajeto, de falar de pintura. Durante a conversação, que despertou lembranças que evidentemente causaram recalque, falamos da morte e da sexualidade. 'Traffio' [Boltraffio] é por sua vez um eco de Trafoi, localidade vista na primeira viagem!"

Os nomes, as cartas e as imagens constituem o material "plástico" com que a memória funciona, um retículo de "traços mnêmicos". "Recordar nunca é um motivo, mas apenas um caminho, um método", escreve nas minutas teóricas para Fliess. "As lembranças parecem se bifurcar: uma parte é descartada e substituída por fantasias; uma outra, mais acessível, parece conduzir diretamente a impulsos. Talvez seja possível que, em seguida, também brotem impulsos das fantasias." Não se trata, portanto, apenas de um rébus, um anagrama, um jogo de palavras, mas, como diz o subtítulo de *Psicopatologia da vida cotidiana*, dos "esquecimentos, lapsos, distrações, superstições e erros". Recordando se esquece; esquecendo se recorda. O que se recorda ou se esquece é feito do mesmo material que a fantasia: "As fantasias, de fato, são fachadas psíquicas construídas para barrar o ingresso de certas lembranças."

Os Danados, Caronte que transporta as almas no Além, a Chamada dos Justos, a Ressurreição da carne: são as alegorias do ciclo sobre o Juízo pintadas por Signorelli na capela de San Brizio do Domo de Orvieto. "Conseguia representar as imagens de modo mais vivo do que normalmente consigo", constata Freud enquanto busca em seus pensamentos o nome do artista que não consegue mais lembrar. Talvez naquelas imagens alegóricas ecoem alguns de seus pensamentos sobre o funcionamento do inconsciente. As leis do inconsciente freudiano, e o caso do esquecimento é um exemplo disso, são governadas por uma justiça infalível. Enunciar que existe um "modo tendencioso com o qual recordamos e esquecemos" implica reconhecer que a recordação nunca corresponde ao fato dito objetivo, nem o esquecimento é casual, linear, constante.

Recordemos: a epígrafe à *Psicopatologia* foi extraída da cena da meia-noite do *Fausto*: "Tão cheio de fantasmas está o ar agora/ Que ninguém sabe mais como evitá-los." O reino do inconsciente é constelado de nomes, cartas, "traços mnêmicos", lembranças, fantasias nebulosas de pensamentos. Contudo, sua matéria conserva formas particulares de historização, de transcrição, de ilustrações. Depois de penetrá-lo, "ninguém sabe mais como evitá-los". Freud é o primeiro a ter compreendido que a língua do inconsciente possui uma inteligência que nada tem de artificial ou de natural. Ele o diz com todas as letras: a linguagem porta "uma sabedoria infalível" (1899). Não se trata apenas de uma sabedoria lingüística, mas de uma sabedoria poética, narrativa, retórica, jurídica. Infalível é o inconsciente. Não perdoa.

Milão, 1898

LER, ESQUECER, REENCONTRAR

Quando em 1927, recusando-se a aderir ao partido fascista, Edoardo Weiss é obrigado a abandonar seu trabalho no Hospital Psiquiátrico de Trieste, pede sugestões a Freud acerca da cidade para onde se transferir a fim de reorganizar sua atividade como psicanalista. "Pelo que conheço das cidades italianas", responde Freud, "Milão parece a mais industriosa, a mais européia, eu quase diria o lugar adequado." Mas acrescenta: "Não deveríamos mudar de idéia após informações ruins, pois estas existem em toda parte: é preciso, ao contrário, tentar criar uma demanda analítica com a própria presença." Está última sugestão surpreende por parecer oposta a uma consideração feita, no mesmo ano, a Fliess: "É uma miséria viver em Viena; não é certamente uma atmosfera na qual se sustente a esperança de conseguir levar a termo uma tarefa difícil."

Em setembro de 1898, depois da viagem à Dalmácia, Freud visita algumas outras cidades italianas: Brescia, Milão, Pavia, Monza, Bérgamo. É uma estranha perambulação que se pode explicar com uma igualmente estranha precaução de manter-se longe de Roma. Sabemos com certeza que Freud hospeda-se duas vezes em Milão. Uma data é segura: 14 de setembro de 1898. De fato, com base nas pesquisas realizadas por Carlo Ginzburg (em "Espias. Raízes de um paradigma indiciário"), existe na biblioteca de Freud conservada em Londres uma cópia do volume de Giovanni Morelli intitulado *Da pintura italiana. As galerias Borghese e Doria-Pamphili em Roma*, impresso em Milão, em 1897. No frontispício do livro está escrita a data da compra: Milão, 14 de setembro de 1898.

Podemos supor que ele tenha lido tal livro, mesmo numa língua que não dominava bem. Com certeza, forneceu-lhe um vasto material de reflexão. De fato, as teses de Morelli o levarão a dedicar-se à arte e à biografia de grandes artistas, como no ensaio *Uma recordação de infância de Leonardo da Vinci*, de 1910, ou a análise de obras de arte, como no *Moisés de Michelangelo*, de 1914. Com efeito, a teoria freudiana do sonho pode ser considerada uma teoria da representação, visto que o trabalho onírico se exprime através de uma língua de imagens.

No segundo capítulo do *Moisés de Michelangelo* – texto que Freud publicou anonimamente em *Imago*, assinando-o só dez anos mais tarde – encontramos uma referência ao livro de Morelli: "Muito tempo antes de iniciar qualquer atividade psicanalítica, fiquei sabendo que um especialista em arte, o russo Ivan Lermolieff, cujos primeiros ensaios foram publicados em alemão entre 1874 e 1876, provocara uma revolução nas galerias da Europa pondo em discussão a atribuição da autoria de determinados quadros a determinados artistas, distinguindo originais de imitações com maior segurança e construindo assim novas individualidades artísticas a partir daquelas obras que foram liberadas das atribuições precedentes. Chegara a tal resultado prescindindo da impressão geral e dos traços fundamentais de uma pintura e sublinhando, ao contrário, a importância característica de detalhes secundários, de particularidades insignificantes, como a conformação das unhas, dos lóbulos auriculares, da auréola e de outros elementos que, em geral, passam despercebidos ... . Depois, foi muito interessante para mim saber que, sob o pseudônimo russo, escondia-se um médico italiano de nome Morelli. Tendo-se tornado senador do reino da Itália, Morelli morreu em 1891. Creio que seu método é estreitamente aparentado com a técnica da psicanálise. Esta também costuma penetrar coisas secretas e escondidas com base em elementos pouco apreciados ou inadvertidos, detritos ou 'restos' de nossa observação." Depois dessa premissa, Freud propõe sua leitura da estátua de Moisés. Consideremos alguns de seus aspectos.

"A figura de Moisés apresenta em dois locais alguns detalhes que até o momento nunca foram considerados, aliás, a bem dizer, ainda não foram nem descritos com exatidão. Tais detalhes referem-se à atitude da mão direita e à posição das duas tábuas." O espírito de observação de Freud mantém-se ao longo de todo o ensaio. Manda até fazer três desenhos para melhor estudar a posição das tábuas das leis seguradas pelo braço de Moisés, para entender definitivamente se a expressão da pose queria comunicar "o início de uma ação violenta" ou "o resíduo de um movimento anterior". Este último detalhe o interessa particularmente.

Já durante a sua primeira viagem a Roma, em 1901, observara repetidas vezes a estátua de Moisés, durante algumas horas por dia: "Lembro ainda hoje minha desilusão quando, nas primeiras visitas a San Pietro in Vincoli, me postava diante da estátua à espera de que saltasse sobre o pé estendido, arremessasse ao chão as tábuas e desencadeasse toda a sua ira. Nada disso acontecia; ao contrário, a pedra tornava-se sempre mais imóvel; uma calma sagrada, quase opressiva, emanava dela e eu era obrigado a ouvir que a estátua representava algo capaz de permanecer inalterado, que aquele Moisés ficaria lá, eternamente sentado e atormentado." Admite depois que tentou "fazer frente ao olhar furioso e desprezante do herói" e algumas vezes escapuliu "quietinho na penumbra".

Por que esse sentimento de culpa? Freud voltará a observar Moisés em suas várias visitas a Roma, quase como se tentasse entender um segredo insolúvel. Mas quem acabou por revelá-lo, indiretamente, foi ele mesmo: "Michelangelo imprimiu na figura de Moisés algo de novo, de sobre-humano; tanto a possante massa corpórea quanto a musculatura do personagem transformam-se no meio de expressão da mais alta empresa psíquica possível para o homem: subjugar a própria paixão em proveito e em nome de uma causa à qual se consagrou."

Por vezes uma cidade é como o encontro com um livro. No itinerário freudiano, Milão é a cidade do encontro com o livro de Morelli, ainda que vários anos tivessem que transcorrer antes que esse encontro, em certo sentido, pudesse se realizar plenamente. Isso só acontece quando Freud decide escrever um ensaio sobre a estátua de Michelangelo, ensaio que, no entanto, permanece dez anos sem assinatura. Estranha e imperceptível conexão: o intervalo entre o momento em que termina de escrever o ensaio (1914) e aquele em que decide assiná-lo (1924) parece repetir a pausa transcorrida entre a leitura do livro de Morelli (1898-1899) e a idéia de escrever um ensaio sobre a obra de Michelangelo (1913). Em 1933, em uma carta a Weiss, ele dirá: "Meus sentimentos por esse trabalho são semelhantes àqueles que se experimenta por um filho predileto ... . Somente muito tempo depois legitimei esse meu filho não-analítico." O nome de Moisés, que remete explicitamente ao mito do pai através de um caminho particular de identificação, não pode deixar de interrogar Freud acerca do significante *filho*. Somente no gesto póstumo de apor sua assinatura ao ensaio esse significante foi simbolicamente admitido: "legitimei esse meu filho".

Por que existem livros que, depois de lidos, permanecem para sempre conosco? No ato da leitura, interpõe-se estruturalmente um terceiro elemento servindo de ligação (e de intrusão) entre nós e o texto. Assim, um livro permanece mais em virtude do que acrescentamos ao lê-lo do que por aquilo que está escrito. A bem dizer, lendo encontramos também o que não está escrito; curiosamente, esta será a coisa mais indelével. É como um pensamento que temos sem conseguir retê-lo plenamente: quando acreditamos tê-lo esquecido, o reencontramos. Quando o reencontramos nos parece outra coisa. Quando tentamos formulá-lo, ele nos leva para outra direção.

Berchtesgaden, 1899

"DIGAM-ME ONDE QUEREM CHEGAR"

Na Obersalzberg que surge nas vizinhanças de Salzburgo, Freud corrige e retoca as primeiras provas da *Interpretação dos sonhos*. Escreve a Fliess perguntando-lhe se seria o caso de explicitar nas notas as referências literárias. "Você não queria que inserisse a literatura no interior da obra, e tinha razão; não a quer no início e também nisso tem razão. Somos da mesma opinião e o segredo poderia ser que não a queremos em lugar algum. Se não queremos depositar nas mãos dos 'homens de ciência' uma arma que lhes permita desancar o livro, teremos que tolerá-la em algum lugar. Tudo é criado com base no modelo de uma estrada imaginária. Inicialmente vem o bosque escuro dos autores (que não vêem as árvores), como uma floresta sem perspectivas, na qual é fácil se perder. Depois há uma estreita passagem oculta através da qual conduzo o leitor – ou seja, meus exemplos de sonhos com suas características, seus detalhes, suas indiscrições e suas brincadeiras de mau gosto. Em seguida, de uma só vez, o ponto mais elevado, onde se abrem espaços e a pergunta: 'Agora digam-me, se não for incômodo, onde querem chegar?'"

Essa questão – "digam-me, se não for incômodo, onde querem chegar" – é a mesma que se coloca no início de uma análise, durante as chamadas entrevistas preliminares. Efetivamente, a formulação da demanda de iniciar a experiência analítica é a enunciação do modo como é divisada, imaginada e pensada a meta da análise. Caberá ao analista verificar, tomar em consideração, acolher a demanda que se refere literalmente ao que é esperado da análise.

"Quem quiser aprender nos livros o nobre jogo do xadrez", escreve Freud em *Sobre o início do tratamento* (1914), "vai perceber que somente os movimentos de abertura e de finalização permitem uma apresentação sistemática exaustiva." A experiência analítica poderá ser considerada concluída quando o analisando, em uma posição subjetiva diversa, retorna à questão: "O que esperava eu da análise?" O itinerário chega ao porto em um movimento retroativo, na decalagem entre "o que peço agora à análise" e "o que poderia ter pedido no início". Não há circularidade ou retorno entre o ponto de partida e a chegada. O sucesso da análise é aquele tempo lógico inaugurado pela constatação de que o itinerário chegou além daquilo que originalmente se imaginara e se pedira à análise.

Berchtesgaden assinala o momento em que Freud percebe plenamente que, com a publicação da *Interpretação dos sonhos*, teve início seu itinerário. "Depois de uma floresta sem perspectivas, na qual se perder é fácil", é tempo de começar. Em Berchtesgaden, naquele trecho da carta, Freud enuncia o ponto de partida, a sua "estreita passagem oculta".

Embora a cena seja imaginada pelo leitor, ele mesmo não pode deixar de se perguntar: "E agora, onde quero chegar?" Freud o formula em termos clínicos: "... uma vez iniciado o processo, ele segue seu caminho e não aceita que se determine nem sua direção nem a seqüência de pontos a atacar." "O que é o processo? O processo é uma marcha ou uma dança, uma avançada. O processo é uma procissão. É preciso que um ou outra comecem com um pé ou sobre um pé." (Michel Serres, *Gênese*). O jogo foi aberto, a partida começa agora. O caminho, recorda Freud, tem início no "ponto mais elevado, onde se abrem espaços".

Lavarone, 1900

O ANJO DA ANUNCIAÇÃO

No verão de 1900, depois de encontrar-se com Fliess em Achensee, numa viagem que incluirá Veneza, Trento, Riva e ainda Milão e Gênova, Freud demora-se alguns dias em Lavarone, perto de Trento. Na carta a Fliess de 14 de setembro de 1900 descreve essa tortuosa viagem: de Trafoi, percorrendo a "bela estrada do Stelvio" em Solda, depois passando por Merano, no passo da Mêndola. "Fizemos certo dia um passeio de coche pelo vale de Non (Cles), rico em achados antigos." Depois é a vez de Bolzano, Veneza, Berghof sobre o lago Ossiach. "Depois de breves paradas, chegamos a Trento pelo vale Pusteria .... Só agora, em pleno sul, senti-me novamente à vontade; em meio ao gelo e à neve faltava-me alguma coisa à qual, na época, não sabia dar um nome." E ainda: "De Trento fizemos um passeio ao estupendo castelo Toblino, onde produzem um delicioso *Vin santo* que se colhe apenas no Natal ... . Fomos até Lavarone, um planalto ao lado de Valsugana, onde encontramos o mais belo bosque de coníferas e uma inesperada solidão .... Depois seguimos para o lago de Garda." E logo em seguida: Torbole, Riva, Salo e Sirmione, "onde perambulei entre as ruínas da provável cidade de Catullo". Por fim: "Cheguei a Viena descaradamente alegre e relaxado, achei meu povo sereno e naquele mesmo dia retomei com grande alento o trabalho."

Freud retorna diversas vezes a Lavarone, até 1923. No verão de 1906 passa as férias no Hotel du Lac. "Entre os hóspedes do hotel", conta o filho Martin, "encontrávamos com freqüência uns senhores de Pádua, e o chefe da família, com o título de *cavaliere*, conversava bastante com nosso pai, passeando à tardinha pelo parque. O *cavaliere* possuía uma Fiat e ficava muito contente quando conseguia convencer nosso pai a fazer, conosco, alguns passeios de automóvel ... . Infelizmente nosso pai em geral relutava em aceitar favores e por isso, no mais das vezes, nossos passeios continuavam a ser feitos a pé, ao longo de estradas poeirentas e trilhas impraticáveis."

Naquele verão de 1906, em Lavarone, Freud escreve *Delírios e sonhos na "Gradiva" de Jensen*. O ponto de partida desse trabalho foi a sugestão dada por Jung para que lesse a novela do romancista Wilhelm Jensen intitulada *Gradiva: Uma fantasia pompeana*. "Para o recalque, que torna inacessível e ao mesmo tempo conserva algo de psíquico, não há, na realidade, analogia melhor que o destino sofrido por Pompéia, sepultada, mas trazida de volta à luz por obra da escavação." Analisando a trama onírica, os delírios, as fantasias da novela, Freud declara: "Os poetas são aliados preciosos ... . Seu testemunho deve ser examinado com atenção, pois em geral sabem de uma quantidade de coisas entre o céu e a terra de que nossa filosofia sequer suspeita." A citação, evocada outras vezes, é extraída de *Hamlet*.

A novela de Jensen conta a história de um jovem arqueólogo, Norbert Hanold, que "descobriu num museu de antigüidades em Roma um baixo-relevo". "Sua fantasia não pára de ocupar-se dessa imagem. Nela descobriu algo de moderno, como se o artista a tivesse entrevisto na rua e retratado a partir do real." Mas de que imagem se trata? Ouçamos Freud: "A imagem reproduz, no ato de caminhar, uma jovenzinha em flor que ergue um pouco a rica veste, de modo que deixa descobertos os pés em sandálias. Um pé apóia-se completamente no chão; o outro, recuado, está levantado e toca o terreno só com a ponta dos dedos, enquanto a planta e o calcanhar erguem-se quase na perpendicular. ... À jovem representada no ato de caminhar, Hanold atribui um nome: Gradiva, 'a que avança'." O protagonista da novela, muito antes de observar o baixo-relevo, conheceu uma jovem de nome Bertgang, que significa "aquela que resplende ao caminhar". Entrelace de nomes, de línguas, de significados.

Em 1938, Freud vai comparar sua obra intelectualmente mais audaciosa – *Moisés e o monoteísmo* – a "uma bailarina equilibrada na ponta de um pé". Estamos quase no final de sua vida, ele decididamente saiu de seu "esplêndido isolamento", mas reaflora a imagem de Gradiva, "a que avança". Talvez seja uma imagem que lhe serve de espelho, agora que ele próprio pode "avançar" e dar passos decisivos para garantir à psicanálise uma cidadania na ciência.

Gradiva talvez nos permita distinguir uma reviravolta no modo de proceder de Freud. Primeiro seu método limitava-se a uma lógica explicitada numa carta de 1900: "Se a teoria sexual aflorar a meu espírito, dar-lhe-ei ouvidos; do contrário, pior para ela." Depois de alguns anos, o método sofre uma importante mudança. Em uma carta a Karl Abraham de 1914 escreve: "Costumava esperar que uma idéia viesse a meu encontro. Agora sou eu a ir a seu encontro, e não sei se deste modo consigo alcançá-la mais rápido." Enquanto antes Freud esperava uma espécie de anunciação ("se aflorar a meu espírito dar-lhe-ei ouvidos"), agora é ele quem vai encontrá-la, quase para afrontá-la, segui-la, persegui-la. Trata-se, escreverá em 1920, de "desenvolver coerentemente uma idéia pela curiosidade de ver onde vai dar". E ainda: "Pode-se chegar ao porto com sucesso ou acabar se perdendo ignominiosamente no caminho." É extraordinário quando afirma: "Não sei até que ponto acredito nisso." Extraordinário porque evidencia como o ato científico não está fundamentado na crença. Freud atém-se a seu método: "É perfeitamente legítimo refutar inexoravelmente as teorias que, na análise, estão desde os primeiros passos em contradição com a obsevação, e estar ao mesmo tempo consciente de que a validade das teorias propostas por nós é apenas provisória."

Durante uma visita a Roma, em setembro de 1907, Freud escreve: "Imagine a minha alegria quando, depois de tanta solidão, hoje vi no Vaticano um rosto querido; o reconhecimento foi, contudo, unilateral, pois era Gradiva, lá no alto, suspensa na parede." Gradiva, "aquela que resplandece ao caminhar", parece assumir as características de um anjo. Freud a reconhece, Gradiva se cala. Avanço em meu caminho, terá pensado Freud, mas não sei se a cidade para a qual estou indo irá me reconhecer.

O pesquisador encontra-se sempre na condição de estrangeiro. É, antes de tudo, estrangeiro a si mesmo: só assim pode ser "aquele que avança", aquele que abre novos caminhos. A esse respeito, Julia Kristeva (*Estrangeiros para nós mesmos*) aproxima a psicanálise do trabalho de civilização: "Quando fugimos ou combatemos o estrangeiro, lutamos contra nosso inconsciente, este *impróprio* do nosso impossível *próprio*. Delicadamente, analiticamente, Freud não fala dos estrangeiros: ele nos ensina a descobrir a estraneidade dentro de nós. E este talvez seja o único modo de não persegui-la fora." A melhor prova (de verdade) de que uma análise está efetivamente em andamento é dada pelo vacilo do princípio da especularidade e da reciprocidade. Assim acontece também com Freud: é tocado pela imagem de Gradiva, daquela "que resplandece ao caminhar", pois nela reconhece uma alteridade intransponível.

"Ontem, depois de ter arrastado meus ossos cansados mais uma vez pela encosta de uma montanha tive dificuldade para reconhecer minha pessoa", relata misteriosamente Freud em 1909. Dez anos depois, no ensaio *O estranho* (1919), em uma nota, reporta o seguinte episódio: "Estava sentado, sozinho, no compartimento do vagão-leito quando, num estremecimento do trem, a porta que dava para o banheiro contíguo abriu-se e um senhor bastante velho, de roupão, com um boné de viagem na cabeça, entrou em meu compartimento ... Dei um salto, mas logo percebi, com grande espanto, que o intruso era a minha própria imagem no espelho pendurado na porta de comunicação. Lembro até hoje que aquela aparição realmente não me agradou." Ainda uma questão de espelho, de aparição, de reconhecimento. E de um incurável estranhamento.

Quem sabe, naquelas "jornadas solares" passadas em Lavarone e nas tardes silenciosas dedicadas à escrita do texto sobre Gradiva, o leve reflexo da água do lago adjacente ao Hotel du Lac terá remetido, nos sonhos de Freud, às aventuras e empresas de Ulisses. No curso dos anos e ao longo de itinerários tortuosos, Gradiva ressurgirá como inquietante aparição de um anjo anunciador.

Roma, 1901

"EU DESENHAREI O PRIMEIRO TOSCO MAPA"

"Um cesto de orquídeas me dá uma ilusão de riqueza e luz, o fragmento de um muro pompeano com um centauro e um fauno me transporta à minha ansiada Itália: *Fluctuat nec mergitur.*" Eis que novamente surge a epígrafe que se transformou no estilo de viagem de Freud. Um ano antes, em fevereiro de 1900, escrevia a Fliess: "Desde que nos conhecemos nunca estive tão distante de Roma, enquanto o vigor da juventude vai diminuindo muito visivelmente. A viagem é longa e muitas as estações nas quais se pode ser expulso, e pergunto-me se poderei suportar." Reaparece aqui a historieta do judeu de Karlsbad. Um antigo desafio espera por Freud em Roma. Quando chegar lá, cumprirá um gesto quase mágico: "... enfiei a mão na Boca da Verdade (o que acabei por descobrir sozinho) em Santa Maria in Cosmedin e jurei retornar."

O desejo de visitar Roma é antiquíssimo. Remonta aos estudos ginasiais e à amizade com Emanuel Loewy, professor de arqueologia em Roma, com quem mantinha longas conversações. "Meu desejo de ir a Roma é profundamente neurótico", escreve a Fliess. "É ligado ao entusiasmo que nutria, no ginásio, pelo herói semita Aníbal." E prossegue: "Na realidade, nesse mesmo ano, como aconteceu com ele, ao aproximar-me de Roma, não consegui ir além do lago Trasimeno." Na *Interpretação dos sonhos* explica ulteriormente essa fantasia: "Segui então as pegadas de Aníbal: como ele, não consegui ver Roma." Mais adiante: "Aníbal e Roma simbolizavam, para mim, adolescente, o contraste entre a tenacidade do judaísmo e a organização da igreja católica."

Freud passou mais de uma vez as férias na Itália, sempre com a tentação de chegar até Roma. "Por muito tempo", escreve na *Interpretação dos sonhos*, "terei que continuar a satisfazer esse desejo somente nos sonhos, pois razões de saúde me obrigam a evitar uma estadia em Roma na estação que tenho à disposição para viajar." Curioso deslocamento: "razões de saúde" (ainda o tema da "constituição") impedem que viaje na estação mais favorável às viagens. Significativo este jogo de deslocamentos entre "constituição" e "disposição". Na edição de 1909 da *Interpretação dos sonhos*, Freud acrescenta uma nota: "Tive naquele tempo [a viagem a Roma] a experiência de que até para a satisfação daqueles desejos que há tanto tempo parecem inatingíveis basta um pouco de coragem." Na edição de 1925 acrescenta mais uma frase: "Transformei-me assim num apaixonado peregrino de Roma." Um ano antes de sua viagem a Roma de 1901, Freud fala "da árdua luta sustentada com aquele demônio que é a psicologia". Confessa: "Quando na luta, o fôlego ameaçou faltar-me, rezei ao anjo para desistir e foi o que ele fez. Não fui o mais forte e desde então sigo claudicando. Bem, agora tenho 44 anos e sou um velho judeu bastante mesquinho ... ." Como Édipo, Freud prossegue o seu percurso "claudicando". Cinco anos antes, em 1895, citava numa carta um sermão de al-Hariri: "Aquilo que não se pode alcançar voando, deve-se alcançar mancando: a Escritura diz que mancar não é pecado."

Roma é aquele ponto distante, abstrato e inatingível em torno do qual giram miríades de outras cidades. Ele precisará de seis anos de navegação em terra italiana antes de pôr os pés em Roma. Por quê? Será que Roma representa o centro de um vórtice, uma descida ao Maelström? Com efeito, depois de superar as colunas de Hércules, não pensava em outra coisa senão encontrar finalmente este vórtice. "Cada sonho", escrevera ele, "tem pelo menos um ponto em que é insondável, quase um umbigo através do qual ele se junta com o desconhecido." Esta última palavra, "o desconhecido", é, em alemão, *Unerkanntes*, e significa "indistinto", "aquilo que não pode ser reconhecido". (Cf. Didier Anzieu, *A auto-análise de Freud.*) Mario Lavagetto observa que *Unerkanntes* "não é aquilo que é desconhecido por estatuto", mas "aquilo que não se pode reconhecer, aquilo sobre o quê não se pode manter os olhos abertos". De fato, não é indiferente trocar "desconhecido" por "indistinto". O indistinto põe em relevo, contrariamente ao desconhecido, uma faculdade subjetiva: é algo que ainda não é distinto, que ainda tem que ser descoberto. Aos olhos de Freud, Roma, umbigo do mundo, junta-se não com o reino do desconhecido, mas com "o indistinto", com aquilo que ainda não se deixa reconhecer com exatidão.

Em setembro de 1901, com o irmão Alexander, finalmente chega a Roma. Permanece por doze dias na cidade. "É um ponto de chegada", declara. E em uma carta a Fliess: "Foi uma experiência perturbadora e, como você bem sabe, a satisfação de um desejo longamente ansiado." Na mesma carta distingue "a antiga Roma" ("eu me ajoelharia em adoração") da "segunda Roma", ou seja, a dos papas, aquela da qual "não me foi possível desfrutar livremente, pois não pude tolerar a mentira da salvação do gênero humano que tão orgulhosamente ergue a cabeça para o céu". Por fim: "Acho a terceira Roma, aquela italiana, simpática e cheia de promessas."

Três anos antes, às voltas com as dificuldades relativas à elaboração da *Interpretação dos sonhos*, confiava a Fliess: "Falta-me o recolhimento necessário para fazer algo além de estudar a topologia de Roma, da qual tenho uma nostalgia sempre mais aguda." Como pode Freud falar de nostalgia sem nunca ter visitado Roma? "É evidente que me esforço em vão para ver em sonho uma cidade que nunca vi acordado." Os seus quatro "sonhos romanos" narrados na *Interpretação dos sonhos* são estruturados como atos falhos. Ao longo da elaboração desses sonhos surgem considerações do tipo: "É facilmente reconhecível o motivo de 'ver de longe a terra prometida'." Ou: "O 'pedir estrada' é uma alusão a Roma, dado que, como se sabe, todos os caminhos levam a Roma". Também na correspondência com Fliess aparecem numerosas referências: "Se para concluir dissesse: 'Páscoa que vem em Roma', iria me sentir como um devoto judeu." Mas não seria mais evidente pensar que Freud desejasse ir a Jerusalém e não a Roma?

Roma é o emblema da audácia, uma etapa absolutamente decisiva. A idéia e a possibilidade de visitá-la só se fazem insistentes a partir da morte do pai e depois da publicação de seu trabalho sobre a teoria do sonho. O mito de Aníbal que conquista a cidade eterna torna-se "símbolo e pretexto de vários desejos ardentemente anelados". Vive-se de desejos, de símbolos, de mitos. Roma será para ele um mito insuperável. A última vez que irá à cidade será em 1923, numa viagem que o leva a visitar também Nápoles, Sorrento e Paestum. Em 1933, escrevendo a Edoardo Weiss, dirá: "É uma conseqüência dificilmente tolerável de minha reduzida vitalidade que eu não possa mais voltar a Roma." Todo o epistolário de Freud é constelado de referências a Roma. Em uma carta de 1907 a Jung: "Sepultei a ciência desde o início das férias; agora gostaria de voltar a mim mesmo e cavar alguma coisa de meu íntimo. Para isso, a cidade incomparável (ou seja, Roma) é o lugar certo."

Ter ousado alcançar Roma permite outros projetos. Em 1885, quando foi nomeado *Privatdozent*, compreendeu que se dedicar unicamente à carreira universitária seria limitador. Foram necessários doze anos antes que, em 1897, dois entre os colegas mais antigos e influentes da universidade vienense, Hermann Nothnagel e Krafft-Ebing, propusessem seu nome para o título de "professor extraordinário". A faculdade de medicina aprova a candidatura, mas o ministro não o confirma no cargo. O mesmo acontece nos anos seguintes, até 1900. Até que, no final de 1901, depois de sua primeira viagem a Roma, Freud muda de estratégia: "Resolvi romper com uma virtude rigorosa e dar os passos oportunos, como todos os outros mortais." Através de uma amiga, a baronesa Ferstel, encontra um modo de intervir junto ao ministério: "Se tivesse dado esses poucos passos há três anos, teria sido nomeado antes e teria me poupado toda uma série de coisas. Outros são assim inteligentes sem para isso terem que ir a Roma ... ." O resultado é positivo. Em 22 de fevereiro de 1902, o imperador Francisco José assina o decreto que nomeia Freud "professor extraordinário titular". É uma grande satisfação. "Chovem congratulações e homenagens floreadas, como se Sua Majestade tivesse repentinamente reconhecido o papel da sexualidade, como se o Conselho de Ministros tivesse confirmado o significado do sonho, como se o Parlamento tivesse aprovado por uma maioria de dois terços o tratamento psicanalítico da histeria."

Roma é o coração do mito freudiano da viagem, o ponto mais alto do itinerário. Representa uma reviravolta radical. Constitui também o emblema do porto, o umbigo que conduz a uma região a ser explorada, "indistinta". Depois do tempo da pesquisa, que é um tempo para compreender, vem o momento de concluir: após haver passado em revista e verificado mil hipóteses, vem a decisão de fundar a própria cidade. Com Roma, Freud está diante da própria história em uma perspectiva frontal. Já não é mais possível fugir, adiar, voltar atrás. Ele o sublinha com estas palavras: "Meio-dia, diante do Panteon. Eis aquilo de que tive medo por tantos anos." É uma consideração parca, fulmínea, porém a mais eficaz que Freud poderia comunicar a Martha após as primeiras horas desde sua chegada em Roma. Três dias depois, em um telegrama: "Esta tarde, algumas poucas impressões das quais se vive anos."

Meio-dia, merídio: eis a inquietante e ambígua *meridies* dos antigos. É aquele momento no qual, como escreve Nietzsche, "o sol do conhecimento está defronte, alto no meio-dia". O merídio, como observa Ferruccio Masini (*O escriba do caos*), "não seria a vivida atemporalidade de uma hora meridiana plena de graça, mas invenção e obra humana, a invenção de quem acredita ter suprimido sua condicionalidade ... , ter se libertado de qualquer laço e de qualquer subordinação". Roger Caillois recorda em *Os demônios do meio-dia* que o merídio é "a hora privilegiada das aparições", a hora em que a extensão da sombra é mínima, o momento da calma absoluta quando "os demônios fazem cessar o vento". É definitivamente o momento em que "o próprio mito é o equivalente de um ato". O mito de Roma, durante anos temido e guardado como um gesto irrealizável, inscreve-se no itinerário de Freud como acontecimento, evento, ou seja, como aquele passo determinante cujo ato é uma entrada em cena.

Com Roma podemos traçar, talvez só agora, os meridianos e os paralelos da geografia atravessada por Freud. Se Viena pode ser considerada o ponto mais baixo, Roma representa o mais alto. Durante a visita de 1907, em uma carta a Martha, ele narra um curioso episódio: "'*E quindi uscimmo a riveder le stelle.*' Quem será o autor? Até a noite estive em um *columbarium* romano, nas catacumbas cristãs e hebraicas. Lá embaixo a atmosfera é gélida, sombria e desagradável. Nas catacumbas hebraicas as inscrições são em grego; sobre muitas lápides vêem-se candelabros, me parece que se chamam *menorah*. O guia – eu era o único visitante – esqueceu as chaves para a saída e, portanto, deveríamos retornar logo ou ficar lá embaixo. Decidi-me pela primeira alternativa." O tom da narrativa desse curioso contratempo é divertido. Quase como se veladamente desejasse "ficar lá embaixo". Já não teme mais o labirinto, pois sabe que Roma é a cidade onde o sol é mais alto.

O seu fio de Ariadne está a descoberto. Ter sido obrigado a demorar-se nas catacumbas, ter explorado o reino do além-túmulo, ter discernido o umbigo do sonho destaca um momento sublime de seu itinerário. A luz meridional de Roma ilumina o ponto culminante da aventura de Freud e ao mesmo tempo prenuncia seu desdobramento. O passo com que entra, quase violando um antigo tabu, na sagrada Roma, faz com que declare resolutamente: "Eu desenharei o primeiro tosco mapa desse território."

Atenas, 1904

A FÉ PULSIONAL

"Naquela época, todo ano, no final de agosto ou início de setembro, tinha o hábito de partir a passeio com meu irmão para uma viagem que durava algumas semanas e nos conduzia a Roma, a alguma outra região italiana ou a alguma localidade do litoral mediterrâneo." Com estas palavras, inicia-se o relato da estranha viagem de Freud a Atenas.

No texto, escrito em 1936, *Um distúrbio da memória na Acrópole: Carta aberta a Romain Rolland*, Freud resume, depois de cerca de trinta anos, aquela emblemática visita a Atenas. Com o irmão Alexander, dirigem-se para Trieste. Lá decidem "partir para a ilha de Corfu a fim de passar alguns poucos dias de férias". "Em Trieste, Alexander foi se encontrar com um colega de trabalho que lá estava e eu o acompanhei. O amável homem perguntou também sobre nossos projetos futuros e quando ouviu que pretendíamos ir a Corfu, desaconselhou-nos enfaticamente ...: 'Faz tanto calor que não se pode fazer nada. Deveriam preferir Atenas. O vapor do Lloyd parte hoje à tarde' ... . Nas horas que precederam a abertura dos escritórios do Lloyd, giramos pela cidade descontentes e indecisos." Depois, "sem nem pensar muito", prossegue Freud, "fomos ao guichê e compramos os bilhetes para Atenas como se fosse a coisa mais natural do mundo, sem nos preocuparmos com prováveis dificuldades e até mesmo sem que disséssemos um ao outro as razões de nossa decisão. Tal comportamento era realmente muito estranho."

Trieste fora a cidade na qual Freud, estudante universitário em seus 20 anos, estivera por algumas semanas na Estação Zoológica. Agora, ao contrário, Trieste é a ocasional cidade de passagem na qual emerge com estranhamento uma antiga questão. Ei-la: "Quando, na tarde seguinte à chegada a Atenas, encontrei-me na Acrópole abraçando a paisagem com o olhar, veio-me de repente este estranho pensamento: 'Então tudo isso existe mesmo, exatamente como aprendemos na escola?!' ... É como se alguém, passeando na Escócia às margens do Loch Ness, de repente visse diante de si, encalhado na margem, o corpo do famoso monstro e fosse obrigado a admitir: então existe mesmo a serpente aquática na qual nunca acreditamos." Freud, às vésperas dos 50 anos, sublinha a sua sensação de incredulidade: "Quando chegamos à Acrópole, a possibilidade se transformou em realidade e a mesma incredulidade encontrou então uma expressão diferente, porém bem mais nítida. Esta, sem deformação, deveria ser: 'Realmente nunca pensei que um dia me seria concedido ver Atenas com meus próprios olhos, como indubitavelmente é o caso agora.'"

Freud continua a analisar o episódio: "Não é verdade que nos anos do ginásio tenha alguma vez duvidado da existência real de Atenas. Duvidei apenas de que poderia um dia vê-la com meus próprios olhos. Viajar tão longe, 'fazer tanta estrada', parecia fora de qualquer possibilidade." Em seguida, ele anota que nesse episódio "um sentimento de culpa permanece ligado à satisfação de ter feito tanto estrada", sentimento de culpa esse que definitivamente provém da idéia de "querer superar o pai", de "fazer mais estrada que o pai": "É como se o essencial do sucesso consistisse em fazer mais estrada que o pai e, no entanto, fosse proibido querer superar o pai." Donde a sensação de estranhamento, como se se tratasse de "algo de ilícito", "de proibido desde as eras mais longínquas".

Depois dessas reflexões dirige-se a Romain Rolland: "Agora o senhor não se espantará mais ao saber que a lembrança da experiência da Acrópole me ocorre tão freqüentemente, mormente agora, quando eu mesmo fiquei velho, necessitado de indulgência e não posso mais viajar." Cerca de dez anos antes o mesmo episódio é reportado no ensaio "O futuro de uma ilusão": "Eu já era um homem maduro quando me encontrei pela primeira vez na colina da acrópole de Atenas, entre as ruínas dos templos, com o olhar voltado para o mar. À minha felicidade misturou-se um sentimento de estupor que parecia querer dizer: 'Então é realmente como aprendemos na escola!'. Quão superficial e débil devia ser naquele tempo a minha fé na efetiva verdade daquilo que ouvia, se estava agora tão espantado!" É relevante observar que a palavra "fé" soa aqui como a convicção de um projeto e a firmeza de uma idéia.

Elvio Fachinelli (*A mente estática*), a propósito do episódio da Acrópole, faz uma observação sutil: "Como não captar aqui uma imperceptível mudança do ritmo da prosa freudiana, movida agora por um insólito fio de vento – ou sopro 'oceânico' – finalmente respirado a plenos pulmões?" Com efeito, a respiração de Freud mudara desde que ousara ir a Roma. Se percebemos "uma mudança no ritmo da prosa freudiana" é porque depois de Roma seu projeto é forjado por outra têmpera e por outra fé. Trata-se de uma fé que podemos chamar de pulsional, ou seja, habitada pela força e pelo nervo de uma idéia plenamente em ação. Força que não é cega ou bruta, mas dotada de olhar, de inteligência, de um pensamento forte que não tem nada a ver com o fanatismo, é independente de toda confissão e, portanto, antitética ao conceito de crença. Se "o verdadeiro laico é o inconsciente" (Giacomo Contri), podemos constatar que a única fé que Freud conhece agora é a fé em seu próprio projeto: é a fé de que uma idéia possa atingir sua meta sustentada por uma idéia e por um desafio irrenunciáveis. A fé pulsional é laica.

Atenas é o emblema do *inacreditável*: Freud a visita quase por acaso, por um estranho equívoco. A decisão de comprar os bilhetes acontece "sem nem pensar muito", ele mesmo se sente "descontente e indeciso". Ao contrário de Roma, não formula nunca o desejo de visitar Atenas. É realmente estranho que em suas cartas não existam traços de anotações relativas à arqueologia de Atenas, a seus museus ou monumentos. Há, no entanto, um curioso quiasmo entre Atenas e Roma: para Freud o mito da antigüidade é representado eminentemente por Roma e não por Atenas. Roma permanece durante anos como um desejo acariciado, guardado, adiado. A visita a Atenas é, ao contrário, imprevista, não pensada ou programada anteriormente. Contrariamente a um certo romantismo, Freud prefere Roma a Atenas, pondo-se, com uma paradoxal e talvez inconsciente contradição, do lado do monoteísmo hebraico-cristão e não do politeísmo grego.

A Roma, viagem intensamente desejada, ele só conseguiu ir depois da morte do pai. A Atenas, passeio quase casual que acontece três anos depois, esbarra no tema do parricídio através da sensação de "ter superado" o pai. A viagem a Atenas reatualiza um sentimento de culpa que permanecera oculto: todavia, no curso de sua elaboração Freud vai perceber quanto o sentimento de culpa inconsciente (entendido aqui em sua acepção estrutural), mais que dificultar ou impedir um projeto, pode ser aquilo que o favorece ou o sustenta. O fato de o sentimento de culpa operar numa ou noutra direção depende do funcionamento e da posição da lei na estrutura da fantasia.

"A *fides*, em sentido próprio a corda, o laço (*nervus*)", escreve Gianbattista Vico em *De universi iuris uno principio et fine uno*, "foi o primeiro nome do poder e do império." Qual é o império de Freud senão aquela "corda", aquele "laço" que o mantém ligado à idéia de construir a própria cidade? Falar de confiança, isto é, algo que se concede ou se nega a alguém, ainda seria "demasiado humano". "Uma fé abandonada sobrevive sob forma de superstição, assim como uma teoria deixada de lado pela ciência persiste sob forma de crença popular", escreve Freud. Toda a aventura freudiana é movida por uma fé pulsional cuja obra é a psicanálise. É uma fé que atinge seu impulso, sua força e sua constância na fonte do inconsciente: "... se a 'disposição para encontrar' é inconsciente, ela é muito mais capaz de conduzir ao sucesso que a atenção guiada pela consciência."

Rapallo, 1905

O *OTIUM* E O JARDIM

Aqui, sem hesitação, Freud abandona-se ao *otium*. A carta enviada de Rapallo ao irmão não deixa dúvidas: "Não é possível fazer nada, o sol urânio e o mar divino – Apolo e Posêidon – são inimigos de qualquer atividade. Percebi que até agora aquele pouco de coisas sérias a fazer nos mantivera em movimento: visitar, com o Baedeker em mãos, novas cidades, museus, palácios, ruínas: como aqui não existe nem essa ocupação, mergulho alegremente no ócio. O mar, portanto: a praia é uma fina vasa, na qual se adentra quinze minutos a pé sempre com a cabeça fora d'água, e um pouco mais adiante há uns rochedos magníficos como os que vimos em Capri, bacias onde se pode ficar sentado, camadas de rocha fortemente inclinadas sobre as quais se rola como monstros de Böcklin, em plena solidão, sem a mínima noção do tempo. Não só não pratico seriamente a pesca, como no primeiro dia enganchei um polvo que não queria sair da água, espetei-me nos ouriços-do-mar, queimei-me nas águas-vivas, tentei inutilmente arrancar umas anêmonas-do-mar, pus-me à caça dos inteligentes caranguejos, cujas patas os moleques italianos, aqui também, arrancam. Passa-se toda a manhã no banho. Gosto tanto que penso seriamente em colocar como única meta para o próximo ano uma viagem a Viareggio, que este ano não verei. Da paisagem é impossível falar sem ser poeta ou citar os outros. Aqui cresce de tudo, como, de resto, em Sorrento, só de palmeiras há um luxo extraordinário: qual será a 'divina' punição? Isola Madre – com certeza um cenário completamente diverso – foi a jóia da viagem por mar. A única coisa que perturba, quando se está no mar, é o arrependimento de não ter criado porcos como aquele *Mister Brown*, quando, mal-aconselhados, escolhemos a nossa profissão, ou de não ter vindo ao mundo como um Spinola ou qualquer outro nobre genovês. A inveja às vezes estraga o prazer dos passeios nos parques e nas casas de campo. Gênova você conhece: é imponente, sólida, quase altiva, limpa, próspera; a difusão da língua alemã nos hotéis e no comércio é conhecidíssima; Martha teria aqui a paz que queria em Veneza. De todo modo, há mais tabuletas em alemão em Gênova do que em Trieste ou Praga."

Rapallo é a cidade do *otium*: do tempo e da disponibilidade de jogar com imagens e sensações. Não se trata do ócio como o entendemos habitualmente, mas de algo cujo sentido aproxima-se de um fragmento de Heráclito: "Mudando se repousa." A condição da inoperosidade não pressupõe a negação das obras, mas é a condição na qual o olhar, de um ponto de vista abstrato, olha para os projetos de uma perspectiva diferente. Nada tem de festivo. Este *otium*, que favorece outros pensamentos dispondo-os diversamente, tem a mesma natureza da escuta: corresponde a um abandonar-se. É proximo do deixar advir e acontecer. Instaura aquela pausa que é um deixar refletir.

Por que não afirmar que o inconsciente – um excelente exemplo nós o temos no sonho – também é *otium*? A partir da metade do século XVI, "ócio" assume entre outras tantas, a acepção de "comodidade". Sentir-se confortável com o inconsciente é o melhor *otium*, sem dúvida uma virtude. Rapallo é também a cidade do silêncio e ao mesmo tempo da escuta. Da escuta de suas imagens Ezra Pound, na longa estadia em Rapallo, extraiu sua poesia. "Ter ouvido a *borboleta* arfar como ponte lançada sobre mundos", escreve em *Poesias e fragmentos*. O que é o *otium* senão a ponte lançada para outros mundos? O *otium* é como uma borboleta que busca novas flores. Para Freud representa a figura de uma intelectualidade leve, de um trabalho alegre e, portanto, isento de fadiga, de um jogo de fantasias. "Ao contrário da tristeza", afirma Jacques Lacan em *Televisão*, "existe o *gay savoir*, aquele gaio saber que, ele sim, é uma virtude." No ócio se pensa e o pensamento abandona-se a essa borboleta que nos leva para onde quer. Vemo-nos a partir de uma outra cena, ouvimo-nos de um outro silêncio, sentimo-nos viver de uma outra existência. Essa borboleta, ser alado, que com o sopro das asas nos leva além, é Psique. Os gregos a representavam, justamente, sob a forma de borboleta, pássaro ou donzela.

Com Rapallo, estamos no jardim de Freud. Curioso que na língua grega, e depois na latina, não exista propriamente uma palavra que defina o jardim: o termo grego *képos* e o latino *hortus* indicam o recinto que protege uma área cultivada. Não é nessa acepção que podemos falar do jardim de Freud, pois não há "recinto" que contenha o *otium* que tentamos descrever. O neologismo grego *paredeisos*, decalque fonético de um vocábulo iraniano, remete à idéia de magnificência e de maravilha e talvez seja mais apropriado.

Conseguir abandonar-se à magnificência e à maravilha das coisas, à sua natureza, é uma virtude. Lembremos que Freud, antes de decidir-se pelos versos de Virgílio "*Flectere si nequeo Superos, Acheronta movebo*" como epígrafe para *A interpretação dos sonhos*, considerou a hipótese de utilizar algumas palavras de John Milton extraídas de *Paraíso perdido*: "Perguntemo-nos que socorro tirar da esperança ou que ânimo extrair do desespero."

Zurique, 1908

"UMA EMPRESA MAIOR QUE NÓS"

Situada no coração da Europa, Zurique é uma das cidades mais significativas do itinerário freudiano. Aqui aportam e ganham corpo alguns de seus projetos. "A maior parte daqueles que hoje me seguem e colaboram comigo", escreve em 1914, "chegaram passando por Zurique, até mesmo aqueles para quem Viena era muito mais próxima que a Suíça. Viena está em posição excêntrica em relação ao Ocidente europeu, onde se encontram os grandes centros da nossa cultura." Zurique é a cidade do encontro com Carl Gustav Jung. Médico ele também, quase vinte anos mais jovem que Freud, Jung trabalha no hospital psiquiátrico Burghölzli, um austero complexo de edifícios no lago de Zurique, renomado na época em razão dos novíssimos sistemas de tratamento usados. "Já em 1900", escreve Jung, "li *A interpretação dos sonhos*, mas não conseguia compreendê-lo ... . Em 1903 retomei o livro e descobri com surpresa que correspondia a muitas de minhas idéias."

O primeiro encontro entre eles tem lugar em 1906, data que marca o início de uma intensa colaboração testemunhada, entre outras coisas, por uma volumosa correspondência. Freud escreve que "em Zurique o acordo em matéria de princípios é a nota dominante. Em nenhum outro lugar havia um grupinho tão compacto de adeptos ou uma clínica pública que pudesse ser colocada a serviço da pesquisa psicanalítica, ou se encontrava um docente disposto a assumir a doutrina psicanalítica como parte integrante de seu ensino de psiquiatria." Quando fala da experiência resultante da colaboração com os expoentes de Zurique, o tom de Freud é entusiasmado: "Na união que se estabeleceu entre a escola vienense e a de Zurique, os suíços não eram, de fato, a parte meramente receptiva. Já haviam desenvolvido um trabalho científico respeitável, cujos resultados só beneficiaram a psicanálise."

Contudo, em menos de uma década a relação tornou-se problemática, até chegar à ruptura em 1913. Reconstruir com precisão os complexos motivos nos levaria muito longe. Vamos nos deter apenas em alguns aspectos teóricos. Em uma carta escrita nos Estados Unidos, de 1912, Jung "exaltou as modificações que fez na psicanálise, as quais teriam quebrado a resistência de muitas pessoas". "Repliquei", escreve Freud, "que isso não era nenhum título de glória. ... Aquilo de que os suíços andam tão orgulhosos, nada mais é que uma modificação teórica da psicanálise obtida afastando o fator da sexualidade."

Em uma carta a Jung de 1907, Freud esboça sua geografia européia com essas considerações: "Espero que os ingleses não deixem que a psicanálise lhes escape das mãos, logo depois de reconhecer sua validade. Nos franceses tenho pouca confiança, mas em Genebra trata-se na verdade de suíços." Sete anos depois, acrescentará: "O passado teológico de muitos suíços não é desprezível em sua posição a respeito da psicanálise." Sumariamente, quais são as modificações introduzidas pela escola de Zurique? "Foi criado", diz Freud, "um novo sistema ético-religioso que, exatamente como o adleriano, destinava-se a reinterpretar, distorcer ou varrer os resultados concretos da investigação analítica; na verdade, essa gente limitou-se a colher alguns agudos culturais da sinfonia do ser, deixando escapar a mais poderosa e antiqüíssima melodia das pulsões." A referência a uma espécie de "misticismo", de "acomodamento" e de "má compreensão do sonho", além da tentativa de "eliminar os elementos inconvenientes do complexo familiar", segundo Freud comportam "a perda de todo o entendimento do inconsciente". E acrescenta: "Creio ter demonstrado que a nova teoria com a qual eles pretendem substituir a psicanálise equivale a uma defecção desta última." Algumas considerações expostas no ensaio "A história do movimento psicanalítico", escrito logo após a ruptura com Jung, terminam com este vaticínio: "Só posso concluir com os votos de que o fado garanta uma cômoda ascensão a todos aqueles para quem a estadia nos infernos da psicanálise tornou-se desagradável. ... E que nos seja permitido levar a termo em paz o nosso trabalho."

Com a ruptura, Freud é obrigado a reconsiderar, drástica e talvez dramaticamente, a idéia de colocar Jung à frente do movimento psicanalítico. "Começava a pensar em dar uma organização ao movimento psicanalítico, de trazer seu centro para Zurique e darlhe um chefe que se comprometesse com seu futuro ... . Achava que o laço com Viena, ao invés de propulsivo, pudesse constituir um estorvo para o jovem movimento. Uma cidade como Zurique, no coração da Europa, ... parecia bem mais rica em perspectivas." Por que Freud estava convencido de que não podia governar a cidade da psicanálise? "Presumia que minha pessoa constituísse um impedimento, pois os juízos a meu respeito mostravam-se muito confusos pelo favor ou pelo ódio das facções opostas ... ; por isso minha intenção era afastar-me, junto com a cidade onde a psicanálise tivera início." Depois da ruptura com Jung, o álibi de Freud se perde. Assim como a idéia de que um expoente "ariano" como Jung pudesse beneficiar a acolhida da psicanálise, desviando os preconceitos para os judeus e para o anti-semitismo. Agora Freud é obrigado, a contragosto, a renunciar à idéia de ter um "legítimo" herdeiro. "Era de se esperar *a priori* que, em qualquer território onde a psicanálise se desenvolvesse, devesse sustentar a mesma luta contra os nativos."

Se nesse ínterim a Zurique de Jung é deixada à própria sorte, Freud prossegue seu itinerário com outros interlocutores. É o caso de Oskar Pfister, um pastor luterano, culturalmente empenhado e interessado em servir-se da psicanálise para o "tratamento das almas". Freud esclarece logo a própria posição: "A psicanálise em si mesma não é nem religiosa nem irreligiosa, mas um instrumento imparcial do qual tanto o leigo quanto o religioso podem se servir." E prossegue: "É mérito do pastor Pfister ter empreendido com sincero entusiasmo esta aplicação da psicanálise e tê-la aconselhado aos curadores de almas e aos educadores. Na Suíça conseguiu conquistar para seus interesses toda uma série de pedagogos."

Se o encontro com Jung é parcialmente fracassado, a relação com Pfister, que prosseguirá intensamente e com recíproca lealdade até a morte de Freud, deve ser considerada, em parte, um encontro bem-sucedido. Poucos meses depois da publicação do texto freudiano *O futuro de um ilusão*, Pfister "responde" com o ensaio "A ilusão de um futuro", definido como "uma discussão amigável". A interlocução, embora a partir de posições diversas, é de grande importância. Freud expõe suas reflexões analíticas sobre o tema da crença religiosa, da ética, da origem da religião, da função da ilusão. "Uma ilusão não é a mesma coisa que um erro e também não é forçosamente um erro." A ilusão, em suma, não é "necessariamente falsa, isto é, irrealizável ou em contradição com a realidade". E ainda: "Sobre o valor de verdade da maior parte das religiões não é possível exprimir juízo algum: assim como são indemonstráveis, são também irrefutáveis." São temas de grande modernidade, se pensarmos que foram formulados poucos anos antes da barbárie que abalará a Europa e o mundo inteiro.

Zurique é a cidade que representa a instância da política da psicanálise. Durante a colaboração com Jung, Zurique parece o ancoradouro de um antigo sonho. Depois, com a ruptura, transforma-se na cidade da qual provém uma experiência dolorosa. Por fim, no intercâmbio com Pfister, volta a constituir outro ponto de partida para passos teóricos ulteriores. "Nós nos metemos a fazer algo que é maior que nós", dissera Jung em 1910. Acrescentando : "... e então é preciso que sejamos humildes". A humildade, à qual o pensamento freudiano se atém, é uma virtude intelectual rara naquelas décadas em que se afirmam trágicos totalitarismos. "Infelizmente é raro os homens serem imparciais quando se trata das coisas últimas, dos grandes problemas da ciência e da vida", escreverá em 1920.

Considerar Freud ateu é desviante. A problemática da religião não se reduz para ele à existência ou não de Deus. Também não acredita na morte de Deus e na necessidade de que morra. Sua laicidade – irredutível a qualquer "profissão de fé" – é conseqüência de um comportamento ético, e não o fruto de uma visão do mundo. Contrariamente às teses sustentadas por Peter Gay (*Um judeu sem deus*), a posição intelectual de Freud não coincide exatamente com a de um "judeu sem Deus": ele não professa nenhum ateísmo. Abstém-se da crença, pois a exploração da lógica mesma da crença, sua origem, sua consistência imaginária, é premente para ele. A bem dizer, seu método não é nem mesmo remissível a uma forma de racionalismo. Afirmar, portanto, como muitos sustentam, que seu campo de pesquisa é o "irracional" significa basear-se ainda na distinção iluminista racional-irracional. Nada de mais desviante. "Quanto mais o mundo é racional, mais imundícies produz" (Michel Serres). A repulsa de Freud pelo misticismo pode ser estendida ao conceito de irracional. O misticismo de Jung, em particular, é considerado por ele unicamente como abdicação à cientificidade da psicanálise. Nada mais.

Ao contrário da interlocução com Jung, a interlocução com Pfister não tem motivo para interromper-se. Desenrola-se, aliás, ao longo de um debate construtivo cujos temas centrais são a ética, a civilização, as implicações culturais inerentes à cristandade. São temáticas que Freud enfrenta com uma laicidade cujo rigor permaneceu, para uma grande parte dos psicanalistas, letra morta. Não se trata de uma laicidade de natureza positivista ou iluminista, nem sequer de uma laicidade que se confunde com o laicismo, ou seja, com uma forma sistemática de oposição e de crítica ideológica.

Freud mostrará sempre – evidentemente a seu modo – grande interesse pelas temáticas religiosas. Contra a religião não tem nada a objetar. Continuará, ao contrário, a fazer objeções – sem a menor tolerância – contra aquela ciência acadêmica que, ao fundar a autoridade na inviolabilidade de suas próprias verdades últimas, lhe parece propor uma crença religiosa: "Nas questões da ciência está muito em voga isolar uma parte da verdade, colocá-la no lugar do todo e depois, para favorecê-la, combater o resto, que não é menos verdadeiro." Poucos perceberam o quanto a laicidade de Freud está empenhada em dissolver a mitologia positivista, cujo centro é uma concepção da ciência como conjunto compacto, classificatório, coerente de saberes.

Salzburgo, 1908

"UMA FESTA INTELECTUAL E ARTÍSTICA"

"No primeiro dia de chuva", escrevia Freud no distante ano de 1889 em uma carta a Fliess, "descerei a pé até a minha amada Salzburgo; a última vez em que o fiz, desencavei algumas velhas coisas egípcias. Estas antiqualhas deixam-me de bom humor e lembram-me tempos e lugares distantes." Passado quase uma década, Salzburgo reaparece em uma carta que Freud envia a Jung: "Se o senhor, para o congresso, escolhesse Salzburgo ao invés de Innsbruck – a primeira é incomparavelmente mais bonita e acolhedora –, de minha parte não haveria nenhuma dificuldade, dado que até Salzburgo são apenas seis horas de trem."

Foi Jung quem organizou, em 1908, nessa cidade tão amada por Freud, o Congresso de Psicologia Freudiana que, em seguida, foi indicado como o Primeiro Congresso Internacional de Psicanálise. "Estreitaram-se relações pessoais", afirma Freud, "e em 1908, na Páscoa, os amigos da jovem ciência marcaram encontro em Salzburgo, estabeleceram que tais congressos privados se repetissem periodicamente e que fosse publicada uma revista, *Jahrbuch für Psychoanalystische und Psychopathologische Forschungen*, redigida por Jung e dirigida por Bleuler e por mim." O congresso de Salzburgo constitui, portanto, o núcleo do momento organizativo da psicanálise e o primeiro passo para o internacionalismo. Os "vienenses" que intervêm no Congresso são mais da metade dos quarenta e dois participantes provenientes de cinco países: Suíça, Alemanha, Inglaterra, Hungria e Estados Unidos.

No Congresso, Freud expõe algumas passagens relacionadas ao "Caso clínico do homem dos ratos" ("Notas sobre um caso de neurose obsessiva", 1909). Os presentes surpreendem-se com a "facilidade de expressão, com o modo magistral como ele ordena um material tão complexo, com sua aguda lucidez, sua intensa autoridade". Para Jones, esse caso clínico é "uma festa ao mesmo tempo intelectual e artística". Os tempos estão, portanto, maduros para uma transformação das modalidades de confronto da pesquisa psicanalítica. Cerca de dez dias antes do Congresso, a Sociedade Psicológica das Quartas-Feiras, cujas reuniões semanais desenrolavam-se junto ao consultório de Freud desde 1902, mudou sua denominação para Sociedade Psicanalítica de Viena. Avia-se então uma estrutura em que psicanalistas e pesquisadores de várias cidades se encontram, trocam idéias, discutem. Delineia-se assim um movimento freudiano internacional que promove o destino dessa nova ciência.

Nas primeiras reuniões da Sociedade Psicológica das Quartas-Feiras, eram discutidos fragmentos clínicos, elaborações sobre a metapsicologia, reflexões sobre leituras de livros. Era a primeira experiência associativa entre aqueles que se interessavam, em Viena, pelas pesquisas de Freud. Pode ser significativo destacar que, se antes de 1908 usava-se o termo psicologia (Sociedade Psicológica das Quartas-Feiras), com o Congresso de Salzburgo aparece a título pleno a palavra psicanálise (Sociedade Psicanalítica de Viena): é o indício de uma escolha, de uma orientação precisa e, definitivamente, da especificidade assumida da psicanálise em relação a outras ciências. "Sua matéria de observação é constituída geralmente por aqueles fatos pouco aparentes que são deixados de lado pelas outras ciências como insignificantes demais: rebotalhos, por assim dizer, do mundo dos fenômenos."

Salzburgo é o emblema de um momento inaugural, de um exórdio. Marca uma etapa que põe fim àquele "esplêndido isolamento" que distinguira o estilo de viagem com o qual Freud adentrou o Mediterrâneo. Perdendo espaço o "esplêndido isolamento", começa a política da psicanálise. A exposição dos primeiros casos clínicos, como fez Freud no Congresso de Salzburgo, evoca antes uma questão de arte que de ciência. Foi o próprio Freud quem admitiu em 1895: "Não fui sempre um psicoterapeuta ...; tenho ainda, eu mesmo, uma impressão curiosa de que as histórias clínicas que escrevo devem ser lidas como novelas ... ."

A arte de contar é conseqüente à arte de saber escutar, a qual "equivale quase àquela do bem falar", escreve Jacques Lacan em 1964. As implicações levam longe: diante da dificuldade de descrever o desenvolvimento de um caso clínico, Freud evoca o trabalho artístico, falando mesmo de "composições poéticas inconscientes". Certo: a clínica psicanalítica é também uma poética (*poiésis*): saber perceber as dobras da narrativa, saber ouvir as línguas que nela falam, saber entender o que foi esquecido, deslocado, superposto, transposto, travestido, repetido. A palavra "é semente de operação" (Dante, *O Banquete*): com ela se faz e se desfaz, se pensa e se fantasia, se desenha e se projeta incessantemente a realidade. Mas é uma realidade a ser entendida como *Wirklichkeit*, ou seja, uma realidade que, enquanto efeito de um agir e de um produzir, se plasma na eficácia da palavra.

A clínica psicanalítica foge do modelo positivista. E a noção de ciência que ela implica é bem mais ampla que o critério positivista. A ciência da escuta inventada por Freud – que não se resolve na aplicação de uma "técnica", como pensa a versão medicalista adotada pela psicoterapia – acentua aquela "ciência do particular", diante da qual é preciso sabedoria, prudência (a *frònesis* aristotélica). Quando muito, no ato psicanalítico não há *téchne* sem *frònesis*, ou seja, sem aquela prudência cuja natureza é a mesma que encontramos no exercício da juris-prudência ou da juris-dição; o ato de palavra é um ato jurídico que tem uma eficácia material sobre a realidade. "A cura pela fala" (no duplo sentido): é a primeira formulação com que Freud definiu o método psicanalítico.

Cervino, 1909

A ÉTICA E O DESEJO

Maio de 1909. Freud está ocupado respondendo à correspondência. Tem entre as mãos um cartão-postal enviado por Pfister. Observa-o atentamente e por um momento abandona-se a alguns pensamentos: "O monte Cervino está nesse momento sobre a minha escrivaninha, entre a correspondência restante. Aceito de bom grado essa partícula de Suíça, no sentido simbólico com que Ela me enviou, como uma homenagem do único país onde sou verdadeiramente rico e onde sei que tenho a simpatia e a compreensão de homens fortes e bons." São palavras em que transparece a forte esperança depositada na Suíça de Jung, "o único país em que sou verdadeiramente rico". Em seguida ele prossegue, sabe-se lá através de que estranhos pensamentos: "Não penso na minha defesa pessoal. De propósito, sempre ofereci minha pessoa apenas como exemplo, nunca como um modelo, imagine então como algo de venerável."

Pelo que se sabe, Freud nunca esteve no Cervino. No entanto, observando o que imaginamos que seja um cartão-postal, suas fantasias levantam vôo: "É até fácil dar ao Cervino um outro significado, menos exaltante. A escala de 1:50.000 do cartão que tenho diante de mim pode ser mais ou menos aquela segundo a qual o destino cumpre nossos desejos e nós mesmos realizamos nossos propósitos. Entre parênteses, saltou-me aos olhos o quanto é pequeno o significado dos números para a nossa imaginação; é difícil acreditar que somente 50.000 desses quadradinhos, colocados uns sobre os outros, atingiriam a altura de um gigante entre as montanhas: teria pensado em mais de um milhão." É como se Freud quisesse fazer uma avaliação do projeto, do caminho ainda a percorrer. Percebe uma intransponível desproporção entre o destino e os "propósitos", entre o desejo e sua realização. É uma consideração na qual se enlaçam a ética e o fazer (*poiésis*), o itinerário e a meta, a execução e a realização, o esforço e a desmedida.

E ainda: "Quero recordar também um terceiro significado do Cervino. Ele me traz à mente um homem singular que, um dia, veio a meu encontro, um verdadeiro servo de Deus, cujo conceito e cuja existência eram para mim algo de absolutamente inverossímil. Quer dizer, no sentido em que para ele é preciso fazer o bem por vias espirituais a todos que encontrar. Assim, também a mim o senhor", dirige-se a Pfister, "fez bem. Depois de suas palavras, perguntei-me por que, realmente, não me sentia feliz, e logo encontrei a resposta ... ." Com essa terceira consideração, Freud interroga-se sobre a felicidade: é um modo de perceber o ponto de chegada, a meta, a aposta em jogo como algo de absolutamente extraordinário, de "inverossímil". Com efeito, a felicidade provém do futuro, é uma antecipação da satisfação. Vemo-nos como se nosso olhar proviesse da meta, da satisfação acontecida. Dessa cena "inverossímil" discernimos a nossa aventura.

Três são os pontos: "a simpatia e a compreensão de homens fortes e bons", a proporção com que "o destino cumpre nossos desejos", a demanda da felicidade. Três termos que, por meio da abstração, podem ser resumidos respectivamente como formulação do projeto, como surgimento do impulso pulsional, como interrogação sobre sua realização. A imagem do Cervino, "gigante entre as montanhas", em sua infinita vastidão de horizontes, insinua o sentido da desmesura. Tudo parece pequeno, precário, frágil. A direção para a qual Freud move seus passos, apesar das fronteiras ilimitadas apenas entrevistas, não perde a medida e não procede às cegas. É paradoxal: consegue manter a rota, embora perceba que as coordenadas de sua empresa são incomensuráveis. Talvez porque não confie na razão, mas na pulsão. Como pioneiro é bem pouco racional.

O cume do Cervino parece a Freud a imagem de uma meta inalcançável. Talvez só então se instaure, em seu itinerário, uma nova ética do viajar. Se os caminhos que guiaram sua aventura no Mediterrâneo pareceram muitas vezes entremeados de cumes e profundezas, a ética de sua empreitada pode resumir-se na frase proposta por Lacan nas últimas páginas do seminário *A ética da psicanálise* (1960): "A única coisa da qual se pode ser culpado é de ter feito concessões sobre o próprio desejo." Adentrando o Mediterrâneo, Freud já está bastante ocupado acertando as contas com o "próprio desejo" para dedicar-se a sistematizar ou a dar uma coerência acabada às próprias descobertas.

O horizonte às vezes pode parecer a perder de vista, mas é uma perspectiva enganosa. O infinito não engole porque é o olhar que define o infinito, que o desenha, que o determina, que o torna finito e, portanto, que o supera. O viajante sábio é aquele que consegue olhar o infinito de frente sem perder-se ou transformar-se em pedra. Ele sabe que o infinito fica aquém do horizonte, muito antes que sua remota linha de sombra se torne indistinta. Ainda por um instante avistamos Freud ocupado em observar com olhar firme e absorto os cumes do Cervino. Será um outro continente, a América, a meta da próxima viagem.

quarto capítulo

O OUTRO CONTINENTE

"A dicotomia deixa retalhos, a plaina raspas, a divisão serragem, poeira, toda uma sujeira do detalhe. O detalhe é o resto do real quando passou além do racional, quando o racionalista cortou, distinguiu, dividiu. A divisão das coisas cria uma nuvem poeirenta de cacos e cinzas. E mais o mundo é racional, mais imundície produz. Entramos no inferno puritano da separação entre paraíso e inferno. Espaço propriamente teológico recoberto de trabalhos e teoremas. Divisão entre sujo e limpo, falso e verdadeiro, escuro e claro, impossível e certo, contrário e idêntico, oposição e maioria, mal e bem, impuro e puro."

MICHEL SERRES, 1980

"O que faz Argia diversa das outras cidades é que em vez de ar há terra", escreve Italo Calvino em *A cidade invisível.* "As ruas são completamente enterradas, os aposentos estão cheios de barro até o teto, sobre as escadas pousa uma outra escada em negativo, sobre os telhados das casas pesam extratos de terreno rochoso como céus com nuvens ... . À noite, encostando a orelha ao chão, por vezes ouve-se uma porta bater." Imaginemos, por amor à ficção, que Freud quisesse descrever as suas "cidades invisíveis": Argia não seria a cidade sepulta, mas uma cidade situada do outro lado do globo. Aproximando a orelha do chão e ouvindo sons e línguas incompreensíveis, teria percebido o quanto o mundo é um efeito de superfícies, um jogo virtual que engana os humanos. Estes últimos consideraram que as coisas mais estranhas, inquietantes ou incríveis acontecem ou acima ou abaixo da terra, no mundo dos céus ou naquele dos infernos. Fantasiando sobre as profundezas ou escrutando as alturas, os humanos pensam em catábases ou anábases para fazer uma idéia do que acontece aqui, na terra. Mas é uma *extrema ratio*.

As coisas que acontecem no dizer, no pensar, no fazer e em muitas outras coisas, para Freud são "grandezas dificilmente captáveis". A razão sozinha não basta: às vezes fica cega, freqüentemente se engana, de vez em quando descarrilha. A empresa freudiana constata esses impasses sem contudo se preocupar com alguma *Aufklärung*, alguma elucidação. Freud indaga as "localidades psíquicas" (*psychische Lokalität*) onde tais coisas acontecem, muitas vezes de forma imprevisível e aparentemente insensata. Aquilo que é chamado de realidade – a freudiana *Wirklichkeit*, isto é, realidade efetiva – é habitada por uma Outra Cena (*andere Schauplatz*) que é apenas a superfície de um outro continente, o inconsciente. O real desse continente, afirma Freud, "permanecerá incognocível para sempre". Sabemos somente um pouco sobre seus efeitos de superfície, a partir dos quais tem início a psicanálise.

Onde encontramos, na experiência analítica, tais efeitos de superfície? Quando Freud afirma que "o paciente diz mais do que queria dizer", por exemplo. Na abertura de *O mal-estar na cultura*, respondendo ao amigo Romain Rolland, que lhe propunha discutir acerca do inefável "sentimento oceânico", responde que, de qualquer modo, falando – e dizendo portanto mais do que se quer dizer, "não podemos cair fora desse mundo". A última frase é uma citação extraída do *Hannibal* de Christian Dietrich Grabbe: "Estamos dentro dele de uma vez por todas." Claro: na linguagem, em sua lei, em sua memória, em suas dobras, em suas imprevisíveis ressonâncias, "estamos dentro de uma vez por todas". "Embora a palavra seja comum a todos", recita um fragmento de Heráclito, "os homens vivem na maioria como se cada um tivesse uma sabedoria própria." É esta a matéria que Freud analisa, examina, explora. A noção de clínica inaugurada por ele desenrola-se ao longo de tal pesquisa. Por que não tentar situar o "caso clínico" a partir dessa "sabedoria" própria do inconsciente de cada um?

Eis, então, a primeira viagem de Freud ao outro continente, aos Estados Unidos. Permaneceu pouco menos de um mês, de 27 de agosto a 21 de setembro de 1909. Enquanto outros psicanalistas, como Jung, por exemplo, retornarão várias vezes aos Estados Unidos, Freud não mostrará interesse por outras viagens além-mar. Uma só visita lhe bastara. "Em nenhum lugar", escreve em 1927, "as perspectivas de afirmar-se, no fim das contas, são maiores que na pátria." Mas este não é o único motivo. Freud faz uma idéia precisa dos Estados Unidos. Seu juízo é crítico, malgrado o reconhecimento, o interesse e até o entusiasmo com que é recebido. Sem dúvida, o convite para ir a Worcester para uma série de conferências prenuncia um reconhecimento oficial da psicanálise. Mas é justamente isso que inquieta Freud: teme que o sucesso obtido nos Estados Unidos seja proporcional a uma banalização da psicanálise. Considera perigoso que ela seja adaptada ao "*way of life*" americano, com as simplificações e distorsões que disso derivam.

O estranho episódio que sucede durante a visita às cataratas do Niágara é indício da atitude de Freud. Tem medo de ter o mesmo fim que o "papagaio de Humboldt", isto é, falar uma língua que não é entendida. Quanto mais sucesso a psicanálise faz, mais ele sente o risco de que venha a ser englobada e fagocitada numa psicologia normatizante. Com efeito, foi o que aconteceu: no continente americano a psicanálise perdeu quase todo o interesse pela pesquisa e pelo confronto com ciências e saberes diferentes. Depois de esquecer suas raízes culturais e teóricas, difundiu-se em extensão afirmando-se também como dado de costumes, como moda. A prática do psicanalista tornou-se eminentemente uma profissão, com todos os sacramentos que pertencem a outras especializações médicas. Os motivos históricos dessa desnaturação do pensamento e da prática freudianos são vários e complexos. Sumariamente, destacaremos só alguns deles: a influência do puritanismo e do pragmatismo na cultura e na vida social americanas, a tradução desviante do texto de Freud, os fatos históricos que determinam a afirmação, proporcional à denegação da psicanálise, do conceito de psicoterapia.

Sob as aparências de sucesso e de reconhecimento oficial, talvez tenha sido justamente a psicanálise a ter pegado a peste na América. Freud parece dividido: de um lado, a surpresa e a satisfação pessoal ao ver as suas pesquisas acolhidas; de outro, a suspeita – provavelmente a certeza – de que a aventura da psicanálise poderia encalhar em praias totalmente estranhas para ele. É um pouco o que conta Goethe na viagem por mar de Messina a Nápoles, em 1787: "Quase fomos a pique do modo mais estranho, com céu totalmente sereno e completa calmaria dos ventos ... ."

Nova York, 1909

O RACISMO E O OUTRO

"Em 1886, quando comecei a exercer a profissão, pensava em fazer uma tentativa de apenas dois meses em Viena; se o resultado não fosse satisfatório, pensava em transferir-me para a América e fazer minha vida lá, chamando minha noiva de Hamburgo para tomar parte nela. Mas as coisas (infelizmente) correram tão bem em Viena que resolvi ficar e no outono do mesmo ano nos casamos. Eis que agora, 23 anos depois, me toca ir à América, mesmo que não seja por dinheiro, por um reconhecimento honorífico! Dessa viagem e de todas as conseqüências possíveis para a nossa causa", confessa Freud em uma carta a Jung de 9 de março de 1909, "ainda haveremos de falar muito ... ."

Em dezembro do ano precedente, recebera de Stanley Hall, presidente da Clark University de Worcester, uma carta na qual, entre outras coisas, ele dizia: "... consideramos que nesse momento é extremamente oportuna uma exposição concisa de seus resultados e de sua visão, que poderia marcar, em certa medida, uma época na história desses estudos em nosso país." A ocasião rememora o aniversário de vinte anos da fundação da universidade. Depois de muita hesitação, Freud decide aceitar o convite: "O

Mediterrâneo nós podemos visitar a qualquer ano. A América não voltará tão cedo." Suas considerações têm também um outro tom: "É o primeiro reconhecimento oficial da psicanálise." Ou ainda: "Para nossa grande surpresa, constatamos que os personagens daquela pequena mas respeitável universidade, sem preconceitos, conheciam a fundo a literatura psicanalítica."

Em 20 de agosto de 1909, Freud, Jung e Ferenczi embarcam em Bremen no transatlântico *George Washington*, que atraca oito dias depois em Nova York, onde são esperados por Ernest Jones e Abraham Brill. À visão da Estátua da Liberdade no porto de Nova York, a célebra frase atribuída a Freud: "Não sabem que lhes estamos trazendo a peste!". Provavelmente, no entanto, aconteceu o contrário, ou seja, a psicanálise foi quem pegou a peste na América: da medicalização, do comportamentalismo, da moral puritana, de "uma ignorância monumental", como anota Jones. Na semana que passa em Nova York, Freud mostra-se incansável, como demonstra o relato de Jones: "Brill conduziu os três amigos a um passeio pela cidade. Primeiro o Central Park, depois o bairro chinês e o gueto de Lower East Side; tarde em Coney Island, um 'Prater visto com lentes de aumento'. Na manhã seguinte visitaram o Metropolitan Museum, que Freud desejava ver mais do que qualquer outra coisa por causa das antigüidades gregas lá expostas; depois Brill levou-os à Columbia University. No dia seguinte, juntei-me eu também ao grupo e, depois de jantarmos no terraço do Hammerstein, fomos todos ao cinema para ver um daqueles filmes rudimentares de então, cheios de cenas de caçada feroz. Ferenczi excitou-se como uma criança, enquanto o divertimento de Freud era mais comedido: para ambos, tratava-se do primeiro filme que viam."

Nova York: outra cidade, no outro continente. Amontoado de infinitos bairros. Talvez nem mais cidade. Freud não se deixa fascinar pela metrópole do "progresso" e da "liberdade", pelo país selva, pela cidade espetáculo. Um dos jornais matinais de Nova York informa a chegada do "Professor *Freund* de Viena". O erro de impressão, Freund (amigo) ao invés de Freud, pode ser lido como uma pergunta: será o doutor Freud realmente um amigo? Tentemos levar a sério esse jogo. A dupla amigo-inimigo provém de uma certa modalidade puritana de situar o outro; ou amigo ou inimigo, não há vias intermediárias. Como se o outro, o semelhante ou o próximo pudessem existir unicamente em um estatuto benévolo ou diabólico. Já se entrevê no fundo o tema do racismo e, na outra vertente (reativa), o tema da defesa das minorias. O ponto de partida para considerações ulteriores.

"Na moldura americana", escreve Giovanna Borradori no livro *O pensamento pós-filosófico*, "a fronteira é sempre uma denotação de ordem geográfica, horizontal. A linguagem, enquanto perfil extremo da fronteira, é, portanto, um dispositivo que age horizontal e não verticalmente como acontece em geral na acepção hermenêutica européia." Se confrontamos essa observação à noção de *Outro* elaborada por Jacques Lacan, entrevemos por que caminhos, numa tradição cultural predominantemente protestante como a americana, a psicanálise medicalizou-se e psiquiatrizou-se, tornando-se outra coisa em relação à invenção e à prática freudianas.

Lacan, afirmando que "o inconsciente é o discurso do Outro" e que "a presença do inconsciente, situando-se no lugar do Outro, deve ser buscada em cada discurso em sua enunciação", coloca, em última instância, a noção de *Outro* no "interior" da subjetividade: o *Outro* já está na palavra de quem a pronuncia. Falando fala-se de *Outro*. O que se diz é *Outro* em relação ao que se queria dizer. Entende-se *Outro* em relação àquilo que ouvimos. Estamos no mesmo sulco aberto por Freud: o lapso como enunciado de um sujeito Outro, o sonho como "outra cena", a *Spaltung* como divisão do sujeito, o Eu como "parte organizada do Isso". Simplificando a complexidade teórica dessa problemática: a noção de *Outro* – que Lacan distingue da de *outro* (minúsculo) – pertence ao estatuto do sujeito do inconsciente.

Ou seja: situar o estatuto do *Outro* em uma lógica do inconsciente ou entendê-lo como o "semelhante" ou o "próximo" faz definitivamente com que a questão da alteridade tenha um destino diferente. No primeiro caso a alteridade dirá respeito essencialmente a uma diferença relativa à palavra e à lingua; no segundo vai se mostrar substancializada e espacializada em uma realidade externa ao campo simbólico da linguagem. Na primeira hipótese, a alteridade estaria situada no mesmo, o Outro habitaria, portanto, o centro da identidade. Na segunda, a alteridade seria pensada como limite do que é o mesmo e o Outro constituiria uma ameaça para ele.

As implicações são relevantes. Vamos nos deter agora em alguns traços que distinguem o puritanismo e o pragmaticismo (versão puritana do pragmatismo). O puritanismo faz da moral uma profissão de identidade. Em certo sentido, nega o alcance metafórico da linguagem pois não suporta que as palavras possam dizer outra coisa senão o que significam. Em nome da pureza, o puritanismo quer abolir a alteridade que habita a palavra, quase que para defender um princípio de identidade. Donde, se a metáfora não tem direito de cidadania na palavra, *a alteridade é encontrada no real*: toda diferença pode surgir como uma representação da alteridade, da diversidade, de um mal a isolar, esmagar, aniquilar ou controlar. O puritanismo parece a paródia de uma fobia bem-sucedida. A ironia é inadmissível, poderia contaminar a pureza da identidade. Toda diferença é condenável.

O pragmaticismo pode ser considerado uma espécie de corolário do puritanismo: seu realismo consiste em negar que a palavra seja habitada por um mal-entendido incontrolável. O ato da palavra seria sempre bem-sucedido e as palavras significam exatamente o que dizem. Seu significado é preestabelecido, logo, é preciso utilizá-las corretamente para evitar o equívoco, o outro sentido, o contra-senso, o duplo sentido. O pressuposto é que se pode dizer a verdade sobre as coisas. Toda vez que essa possibilidade deixa de acontecer, significa que o sujeito mente, intencionalmente e para fins diabólicos. O paradoxo do mentiroso é condenado em nome do princípio segundo o qual a mentira (do significante) é controlável. O pragmaticismo, que parece a caricatura de um controle absoluto da realidade, não se dá conta da comicidade de seu próprio realismo. Aqui o humorismo é vetado.

Os pressupostos do puritanismo e do pragmaticismo, que apenas esboçamos rapidamente, situam-se na antípoda do estatuto do inconsciente. Implicações ulteriores nos conduzem ao tema do racismo e aos paradoxos da tolerância. Por exemplo: o estatuto da alteridade no puritanismo, implicando uma localização da diferença, comporta *in nuce* o princípio de toda intolerância. No pragmaticismo, ao contrário, a idéia de tolerância sofre uma reviravolta até se tornar exponencial: tudo é permitido, tudo é tolerável. Certo no que diz respeito ao direito à liberdade. Mas ao mesmo tempo o conceito ético de tolerância desaparece. Torna-se, no máximo, uma tolerância "indiferente": o outro pode e é livre para fazer o que quiser, a coisa não me diz respeito. Atitude que não é, aliás, tão diversa da posição perversa.

Não é o caso se "desde sempre o complexo cultural norte-americano", observa Borradori, "teve que afrontar o tema do 'outro' do ponto de vista da diferença nacional e étnica, ou seja, uma diferença radicada não mais em uma dimensão conceitual transcendente, mas antes em um plano imanente de memórias históricas, de culturas materiais, de tradições civis". Em outros termos: "Além-mar, não há um 'outro' que seja 'os outros'; não existe um 'outro' que não seja traduzível em uma língua falada e compreendida por 'outros'." Portanto, "a terra pátria, a origem geográfica é ela mesma um objeto outro em relação ao qual é necessário instituir estratégias de conquista. Ela não suscita sentimentos de defesa, mas de apropriação." Com esta última notação é possível entender como a América foi o berço no qual, sob a insígnia de uma possível cura do inconsciente, proliferou uma miríade de técnicas de psicoterapia. Esse tecnicismo aplicado à psique segue par e passo com uma concepção pragmatística da "cura" e com um visão puritana que exige uma normalização do inconsciente.

Worcester, 1909

COMO FREUD FOI TRADUZIDO

Em 4 de setembro, os cinco viajantes partem de barco em direção a Fall River, onde aportam na manhã seguinte. No mesmo dia, passando por Boston, chegam de trem a Worcester, no estado de Massachusetts, sede da Clark University. Na tarde de 10 de setembro, no auditório da universidade, Freud recebe a láurea *honoris causa* em leis: detalhe curioso, se pensarmos que os estudos de jurisprudência foram a primeira hipótese na orientação dos estudos do jovem Freud. O texto oficial: "A Sigmund Freud, da Universidade de Viena, fundador de uma escola de pedagogia já rica em métodos e novas aquisições, hoje mestre entre os jovens de psicologia sexual, psicoterapia e análise, doutor em leis ... ." A acolhida é cordial, até mesmo entusiasta. As adesões não faltam. Por exemplo, a de James J. Putnam, professor de neuropatologia na Harvard University, que constitui a primeira verdadeira abertura às idéias psicanalíticas no ambiente médico, "a pilastra principal do movimento psicanalítico em sua terra de origem". "Para nossa grande surpresa", escreve Freud, "descobrimos que os homens desprovidos de preconceitos daquela pequena mas respeitável universidade pedagógico-filosófica tinham conhecimento de todos os trabalhos psicanalíticos e referiam-se a eles em suas aulas. Na pudibunda América era possível, pelo menos nos círculos acadêmicos, discutir livremente e tratar cientificamente tudo aquilo que na vida era reputado indecente."

As conferências pronunciadas por Freud suscitam um vasto interesse. É possível lê-las ainda hoje, nas *Cinco lições de psicanálise* (1910), uma exposição muito simples dos resultados teóricos e práticos obtidos pela psicanálise. A Freud não falta generosidade, como por exemplo quando inicia a primeira conferência com as seguintes palavras: "Se é um mérito ter dado vida à psicanálise, o mérito não é meu." Refere-se a Breuer – mas será a última referência a um companheiro de estrada que colaborou com ele até o limiar do método da associação livre. Para Freud, é um último débito a saldar. A partir daí, afirmará, como acrescenta numa nota de 1923: "... declaro-me, sem reservas, responsável pela invenção da psicanálise."

William James, mais respeitado filósofo americano daqueles anos, comparece às conferências. Durante um passeio com Freud, James sofre um repentino ataque de *angina pectoris*. "Morreu dessa doença um ano depois", anota Freud em 1924, "e desde então sempre desejei poder demonstrar, à aproximação da morte, uma força de ânimo semelhante à sua." James declarou que esperava que Freud e os seus alunos levassem "suas idéias até os limites extremos, de modo que se pudesse saber de que se trata". Se este auspício não pôde se realizar, isso é devido em grande parte ao modo como a obra de Freud foi traduzida em língua inglesa.

As teses de Bruno Bettelheim, propostas no livro *Freud e a alma humana* (1982), são de grande importância histórica: "Muitas das idéias mais difundidas sobre Freud, sobre sua pessoa, sua vida e os vários aspectos de seu pensamento, são baseadas em mal-entendidos gerados por interpretações errôneas da versão inglesa e até mesmo por erros e infidelidades na tradução de observações bastante simples que Freud fez sobre si mesmo." Reportamos um exemplo no mínimo significativo, analisado por Bettelheim: "Freud usa o termo *Seele* [alma, psique] para descrever o conceito daquilo que, segundo ele, constitui o esteio que sustenta juntos todos os outros conceitos ... . Infelizmente, mesmo em passagens fundamentais, as traduções inglesas nos fazem crer que ele esteja falando de nossa mente (*mind*) ou de nosso intelecto (*intellect*)." Este exemplo de desvirtuamento é decisivo, pois, sozinho, seria suficiente para invalidar o próprio sentido da prática psicanalítica: considerar que a psique corresponde à mente significa retornar ao âmbito neurológico do qual Freud se distanciara desde os escritos sobre a afasia, de 1881. Nada mais fácil, para psiquiatrizar o inconsciente, que falar, por exemplo, de transtornos "mentais" no lugar de "psíquicos".

Outro texto basilar do pensamento freudiano, *O mal-estar na cultura* foi traduzido em inglês como *Civilization and Its Discontents* [*A civilização e seus descontentes*]: "Temos em um título brevíssimo três erros de tradução que poderiam ter sido facilmente evitados", nota Bettelheim. É realmente surpreendente: foi o próprio Freud "quem sugeriu que *Unbehagen* fosse traduzido por *discomfort* ou por *malaise*, mas de modo algum *discontent*".

Um último exemplo refere-se à tradução em inglês de *A interpretação dos sonhos.* Em alemão é *Traumdeutung*: "*Interpretation*", observa Bettelheim, "é uma palavra tanto inglesa quanto alemã, e se Freud tivesse pensado nela, a teria usado, ou teria escolhido uma análoga, por exemplo *Erklärung* (explicação). Mas Freud, ao contrário, preferiu usar um termo que tem significados e conotações completamente diversas das que *interpretation* tem seja em inglês, seja em alemão". *A interpretação dos sonhos* foi traduzida em inglês por *The Interpretation of Dreams.* "Mas *interpretation*", precisa ainda Bettelheim com sua promessa implícita de uma clara e definitiva explicação dos sonhos, "é de todo modo desviante: promete muito e faz as coisas parecerem menos ambíguas do que são na realidade."

Ainda uma observação, dessa vez sobre a forma como *Traumdeutung* foi traduzido em italiano. Também nessa língua, traduzir *deutung* por "interpretação" é forçado: essa palavra alemã significa "tentativa de captar o mais profundo sentido ou significado de alguma coisa". Donde, mais que *A interpretação dos sonhos*, o texto freudiano deveria ser traduzido como *O significado dos sonhos* ou *O sentido dos sonhos. Deuten* (segundo o dicionário *Duden*) significa "indicar alguma coisa com o dedo", enquanto *bedeutung* remete, entre outras coisas, a "sentido" e a "significado". Muitas objeções feitas, até os dias atuais, à teoria freudiana do sonho por parte de filósofos, hermeneutas, semiólogos, epistemólogos ou lingüistas, poderiam ter sido evitadas (ou pelo menos formuladas diversamente) se a tradução de *deutung* tivesse tentado respeitar mais amplamente o sentido que Freud queria lhe atribuir. Nos anos 1960, Lacan, parodiando as especulações filosóficas sobre a palavra "interpretação", revira provocativamente a questão: a "interpretação dos sonhos" deve ser entendida no sentido proposto pelo genitivo subjetivo, ou seja, são os sonhos que interpretam. Finalmente cai o lugar comum segundo o qual é o analista a "interpretar".

Worcester é a cidade em que Freud tenta introduzir a psicanálise naquele que ele mesmo chama, nas frases iniciais da primeira conferência, de "novo mundo". Trata-se de uma outra cena em relação ao público e aos ouvintes do "velho continente". O risco é extremo, mas não se manifestou lá onde Freud esperava. De fato, a mentalidade puritana acolheu, manipulando-as, apenas aquelas idéias freudianas que poderiam ser utilizadas em sentido pragmaticista. Tais "traições" do pensamento freudiano, como demonstra amplamente o trabalho de Bettelheim, permitiram que a psicanálise nos Estados Unidos fosse medicalizada e considerada uma especialidade da psiquiatria. No melhor dos casos, afirmou-se um interesse pela psicologia do Eu. Isso levou, de fato, a uma limitação do horizonte cultural e de pesquisa aberto pela psicanálise. Freud o disse e repetiu: as psicoterapias que se propõem como objetivo "reparar", "reforçar", "integrar", "adaptar" o Eu são coisas diversas da psicanálise.

Se da prática psicanalítica inventada por Freud é retirada a experiência de transformação subjetiva que está em jogo ao longo da sua experiência, se a questão da ética é resolvida com uma moral do dever ser, se a instância da cultura (*Bildung*) é marginalizada, não se trata mais de psicanálise. No seu lugar fica alguma coisa que, apelando à idéia de "adaptação", esvazia a pesquisa realizada por Freud, o seu itinerário, as suas invenções, mas também, em geral, as implicações relativas à civilização (*Kultur*) que distinguem a segunda fase da elaboração freudiana. Ao urbanizar-se nos Estados Unidos, a psicanálise perdeu o inconsciente. Sobraram os "espremedores de cérebro"* fazendo a caricatura daquilo que resta dessa negação.

* Em inglês, *brainshrinkers.* (N.R.)

Cataratas do Niágara, 1909

A PSICANÁLISE OFÍCIO "IMPOSSÍVEL"

Antes de retornar para a velha Europa, Freud, Jung e Ferenczi, passando por Buffalo, permanecem por quatro dias na casa de campo de James Putnam, nas montanhas Adirondacks, perto de Lake Placid. Ao longo da viagem, Freud insiste em fazer um desvio para visitar as cataratas do Niágara, que, recorda Jones, "achou ainda mais grandiosas do que imaginava". Relatando essa visita, Jones reporta um curioso episódio: "... na Gruta dos Ventos, Freud aborreceu-se porque o guia, empurrando para trás os outros viajantes, mandou que deixassem passar primeiro o velho. ... Freud sempre foi um pouco suscetível às referências à sua idade, afinal não tinha mais que 53 anos."

A escuta sutil de Freud provavelmente percebeu, na bem-intencionada brincadeira do guia, uma espécie de equívoco. "Deixem passar primeiro o velho": lendo-se essa frase ao pé da letra não é difícil escutar um outro sentido, que alude à passagem entendida como transpasse para o reino dos mortos. Se acrescentarmos que o episódio se desenrola na estreita trilha de uma gruta que se abre para ribombantes cataratas, a cena parece reproduzir aquele "salto ritual" ("mergulho" ou "vôo nas águas") que em diversas mitologias designava principalmente um ritual de passagem. Em algumas tradições, inclusive, os velhos e doentes eram jogados, como sacrifício propiciatório, de penhascos, pontes ou rochedos. Muito provavelmente Freud ignorava tais ritos. Contudo, na inocente frase do guia, Freud parece entrever, num lampejo, um sinistro mau augúrio. Por que essa viravolta, esse repentino temor?

Talvez possamos encontrar uma resposta em uma carta de Freud, endereçada a Fliess, de 1900: "Conformei-me em viver como uma pessoa que fala uma língua estrangeira e como um papagaio de Humboldt! Ser o último da própria estirpe ou o primeiro ou talvez o único, são situações que se assemelham muito." A chave de leitura que permite compreender a irritação de Freud no episódio das cataratas do Niágara é o "papagaio de Humboldt". Do que se trata? No livro *Quadros da Natureza*, escrito em 1807 por Alexander von Humboldt, há um capítulo dedicado às cataratas do Orenoco, no qual ele conta uma lenda da tribo indígena dos Atura: alguns guerreiros atura, seguidos por numerosos inimigos, refugiaram-se entre os rochedos da catarata, tentaram resistir o mais que puderam, mas em poucos dias foram derrotados e mortos. Junto aos tais rochedos "vivia uma velho papagaio cuja linguagem os indígenas diziam que não se podia compreender porque falava a língua dos atura", escreve Humboldt.

O incômodo experimentado por Freud na Gruta dos Ventos é, portanto, ligado àquela lenda distante, que tanto o tocara anos antes. Talvez Freud tivesse entendido, inconscientemente, que nos Estados Unidos ele seria "o primeiro" e talvez "o último" a falar aquela língua estrangeira que é a psicanálise. Posteriormente, justo no continente americano, ela seria falada e superfalada, sem nunca ser efetivamente entendida. Curiosa parábola: se lhe parece, ao longo de sua aventura, ter deixado para trás o mito de Babel e ter começado a balbuciar a nova língua que é a psicanálise, ao chegar ao novo continente Freud percebe de repente o quanto a sua língua ainda está distante do mito do Pentecostes. Eis o arguto humorismo de Freud em ação: "Esse americanos não conseguem se entender nem mesmo entre si."

Mas chega a hora do retorno para os nossos viajantes. Em 2 de setembro embarcam no *Kaiser Wilhelm der Grosse*. Desembarcando na Europa, Freud escreve de Bremen para a filha Mathilde: "Estou muito feliz por estar de volta e ainda mais feliz por não ter que viver na América." Todavia, a impressão deixada pela experiência ultramarina é grande: "Na Europa sentia-me como um proscrito, enquanto na América os melhores recebiam-me como um dos seus pares. Quando subi à tribuna em Worcester ... pensei estar assistindo à realização de um inverossímil sonho de olhos abertos. A psicanálise já não era mais uma construção delirante, tornara-se, bem ao contrário, uma parte da realidade que tinha um seu valor." Não faltam reflexões sobre a vida americana: "A América é o mais gigantesco experimento que o mundo já viu, mas temo que não seja destinado ao sucesso" escreve a Sachs. A Jones: "Sim, a América é colossal, um erro colossal."

Depois dessa viagem o antiamericanismo de Freud assume, no curso dos anos, tons ainda mais fortes. Em 1930, escreve a pedido do doutor Dorian Feigenbaum uma brevíssima nota para a revista americana *The Medical Review of Reviews*. Eis o que diz: "Psiquiatras e neurologistas servem-se com freqüência da psicanálise como de um método terapêutico, mas normalmente demonstram escasso interesse por seus problemas científicos e seu significado cultural. Com particularíssima freqüência os médicos e os autores americanos demonstram uma familiaridade totalmente insuficiente com a psicanálise, ao ponto de conhecerem apenas o nome e algumas frases feitas, sem que isso perturbe de modo algum a impávida segurança de seus juízos. Misturam no mesmo amontoado a psicanálise e outros sistemas doutrinais que talvez tenham se desenvolvido a partir dela, mas que hoje não são mais compatíveis com ela. Ou então, para seu uso e consumo, criam uma mistura feita de psicanálise e de outros elementos, invocando depois este método como testemunho de sua *broad-mindedness* [mentalidade aberta], embora se trate apenas de *lack of judgement* [falta de discernimento]." Diante do perigo de "inúmeros abusos" e de uma "notável diluição" da psicanálise na vida social americana, Freud afirma, em 1914, que "justamente por isso, a batalha decisiva para a sorte da análise só pode ter lugar lá onde se produziu a máxima resistência, isto é, nos antigos centros da cultura".

As objeções de Freud em relação à América não se resolvem em uma tomada de posição pessoal. Ao contrário: têm o sentido de uma profecia, prenunciam o que acontecerá uns poucos decênios depois. Em 1937, nas primeiras páginas de *Análise terminável e interminável*, ele faz referência à "*prosperity* americana" e à conseqüente tentativa de "adequar o ritmo da terapia analítica à agitação da vida americana". Mas este é apenas um aspecto da questão.

Alarguemos o horizonte e aproximemo-nos de um período mais recente da história da psicanálise. O pior aconteceu, do pós-guerra aos anos 1970, quando tudo o que vinha dos Estados Unidos era considerado como uma novidade científica. Para destacar alguns detalhes históricos, certamente não exaustivos, precisamos remontar à Alemanha nazista. Geoffrey Cocks, em um livro documentadíssimo, *Psicoterapia no Terceiro Reich*, reconstruiu os acontecimentos históricos da psicologia durante o regime nazista. Poucos anos depois da subida de Hitler ao poder, Matthias Heinrich Göring – que há muito tempo praticava a psicoterapia, mas que era, sobretudo, primo do "hierarca" Herman Göring – foi designado como organizador do Instituto Alemão para a Pesquisa Psicológica e para a Psicoterapia. Nasce assim o chamado Instituto Göring. "As condições sociais particulares que prevaleceram na Alemanha a partir de 1933", escreve Cocks, "permitiram que os psicoterapeutas adquirissem um status profissional, junto com possibilidades de prática clínica nunca antes alcançadas, nem recuperadas em seguida." De 1939 em diante, o Instituto Göring começou a receber vultuosas contribuições financeiras da Frente Alemã do Trabalho, interessada "nas potenciais capacidades profissionais dos membros do Instituto no campo da psicologia industrial". As atividades teóricas, práticas e didáticas do Instituto Göring foram financiadas também pela Luftwaffe e, em geral, por contribuições de algumas organizações do Estado e do Partido Nacional-Socialista: a Juventude Hitlerista, a Liga dos Jovens Alemães, o Gabinete de Polícia Criminal do Reich, as SS-Lebensborn.

O regime nazista, paradoxalmente, não refutou completamente as aquisições da psicanálise. Com certeza, não podia admitir que seu fundador fosse judeu. Contudo, deu-se conta da importância de uma aplicação da psicoterapia em larga escala. É preciso notar que, segundo a ideologia nazista – diversamente do regime stalinista, que recorreu à psiquiatria como forma de controle e de repressão da dissidência –, "os distúrbios mentais da 'raça superior' não poderiam ser genéticos ou, de qualquer forma, de origem constitucional e orgânica. Por conseguinte, todo membro da *Volksgemeinschaft* [coletividade nacional] deveria poder curar semelhantes distúrbios, considerando-se também os recursos superiores do caráter alemão." Portanto o povo eleito, conclui Cocks, "não podia admitir o humilhante diagnóstico psiquiátrico de uma tara hereditária". Definitivamente: "Foi a importância atribuída à vontade e ao caráter, e a necessidade de cuidar de ambos em toda a *Volksgemeinschaft*, que criou um espaço para a psicoterapia na vida pública do Terceiro Reich."

Os psicoterapeutas guiados por Göring eram membros de uma entidade cujo garante era o Estado alemão. Baseado nesses pressupostos institucionais, em 1940 o Instituto foi organizado em dez seções: da consulência educativa à organização do trabalho, da psicologia criminal à psicologia industrial, de consultores para pacientes externos aos testes clínico-psicológicos. Sob o regime nazista, o âmbito genérico da psicologia e da psicoterapia recebeu, pela primeira vez na história e como nunca, meios e reconhecimentos para organizar-se e integrar-se à vida institucional e social. Em março de 1943, por exemplo, o Ministério da Instrução Pública anunciou que haviam sido definidos quatro setores de especialização para os psicólogos diplomados: psicologia da educação, psicologia da orientação profissional, psicologia industrial e psicologia das atividades econômicas. Nunca antes do nazismo a psicologia – de "orientação psicoterapêutica", como se diz hoje – organizou-se de modo tão "científico", metódico e funcional às exigências institucionais. Donde o nazismo, através do Instituto Göring, não quis e não se preocupou em aniquilar a psicanálise alemã; tentou, no máximo, marginalizá-la por meio do triunfo da psicoterapia.

"Com o advento de Hitler", observa Cocks, "Berlim e Viena deixaram de ser os principais centros internacionais da atividade psicanalítica, papel que foi assumido por Londres e por Nova York." De fato, no pós-guerra, justamente aqueles psicanalistas que se refugiaram em Londres e Nova York, deram início, no melhor dos casos, àquele filão chamado de "psicologia do Eu", e no pior, àquelas inúmeras variantes psicoterapêuticas inspiradas no modelo comportamentalista. Já em 1926, a propósito da situação nos Estados Unidos, Freud escrevia: "A resolução de nossos colegas americanos contra a análise conduzida por não-médicos, tomada essencialmente com base em motivos práticos, parece-me realmente pouco prática, dado que é incapaz de modificar um só dos elementos fundamentais da situação. Seu valor é mais ou menos aquele de uma tentativa de recalque."

Impõem-se algumas reflexões. Vamos partir dessa precedente "tentativa de recalque" a que Freud se refere nos anos 1930. Nos Estados Unidos, o interesse dominante dos "psicanalistas" pós-freudianos pela psicoterapia não parece aliás tão distante da impostação com que o Instituto Göring organizara e promovera a psicoterapia em ampla escala. Vamos tentar acompanhar as "finalidades" da intervenção psicoterapêutica assim como, nos anos, 1940, foram enumeradas por Johannes Heinrich Schulz (vice-precidente do Instituto Göring), e compará-las ao léxico psicologista que ainda hoje sobrevive em algumas metodologias que se declaram "inspiradas" na psicanálise. Segundo o Instituto Göring, as finalidades terapêuticas – citemos Cocks – "podiam legitimamente incluir o conselho (*Beratung*), a discussão (*Aussprache*), o adestramento (*Belehrung*), o esclarecimento (*Aufklärung*), o encorajamento (*Ermutigung*), a tranqüilização (*Beruhigung*), o reforço (*Abhärtung*), o exercício (*Übung*), a proibição (*Verbot*)". A enumeração poderia prosseguir com todos os necessários acréscimos que os tempos modernos exigem! Resta a constatação de que agora já não se trata mais de psicanálise.

Assim caminha a história. A primeira vez como tragédia, a segunda como farsa. Na Itália, foi aprovada a chamada Lei Ossicini, que sanciona a regulamentação das atividades do psicólogo e da psicoterapia, sem mencionar a psicanálise. Se houvesse um ato jurídico que, direta ou indiretamente, equiparasse psicanálise e psicoterapia, seria um falso histórico: seria cancelada uma distinção consolidada ao longo de um debate teórico que se desenrolou no arco de quase um século.

O próprio Freud, além de afirmar que a psicanálise não se resolve em uma psicoterapia, repete várias vezes que para a formação do psicanalista não é indispensável o diploma de medicina. "O ensino analítico deveria compreender também matérias estranhas aos médicos e com as quais estes não têm nenhuma ocasião de entrar em contato no exercício de sua atividade: história da civilização, mitologia, psicologia das religiões, literatura. Sem uma boa orientação, o psicanalista se vê perdido nesses campos, diante de grande parte de seu material." O juízo de Freud é claro: "Não desejamos de fato", escreve em 1926, "que a psicanálise seja engolida pela medicina e acabe encontrando lugar nos tratados de psiquiatria, no capítulo terapia, entre aqueles procedimentos – como a sugestão hipnótica, a auto-sugestão e a persuasão – que, nascidos de nossa ignorância, devem sua efêmera eficácia apenas à inércia e à fraqueza das massas humanas. Ela merece um destino melhor e espero que o encontre."

Em que direção se pode entender esse "destino melhor"? Freud fala disso no segundo capítulo de um artigo de 1913, intitulado *O interesse científico da psicanálise*. Ele passa em revista algumas "ciências não-psicológicas" que representam um campo de interesse para a pesquisa psicanalítica. A cada uma delas dedica algumas páginas: a linguística, a filosofia, a biologia, a ontogênese, a história da civilização, a estética, a sociologia, a pedagogia. Seria necessário partir dessa simples lista para começar a falar da cultura (*Bildung*) do psicanalista e de sua formação.

Freud nunca deixou de dar atenção à ética da psicanálise, fazendo com que constituísse um aspecto essencial da formação do psicanalista. A ética é o estilo do psicanalista. "Não se deve esquecer", escreve em 1937, em *Análise terminável e interminável*, "que a relação analítica é fundada no amor da verdade, ou seja, no reconhecimento da realidade, e que tal relação não tolera fingimentos nem enganos ... . Quase parece que o analisar é o terceiro daqueles ofícios 'impossíveis' cujo resultado insatisfatório é previsto com antecedência. Os outros dois, conhecidos há muito mais tempo, são os ofícios de educar e de governar."

Se os psicanalistas não dão testemunho de como entenderam, desenvolveram, elaboraram – em sua prática, em sua teorização e em suas modalidades associativas – este "impossível" a que Freud se refere, é preferível dar um outro nome a suas práticas. Ao menos pelo bem da ética à qual a aventura de Freud ateve-se constantemente.

quinto capítulo

A SEGUNDA EUROPA

"Não há responsabilidade que não seja experiência do impossível. Nós o dizíamos um momento atrás: quando uma responsabilidade se exerce na ordem do possível, segue uma inclinação, executa um programa. Faz da ação a conseqüência aplicada, a simples execução de um saber ou de uma práxis, transforma a moral e a política em uma tecnologia."

JACQUES DERRIDA, 1991

Depois das conferências nos Estados Unidos, o retorno a Viena. Prosseguem, entrementes, as outras viagens às capitais européias. Os deslocamentos de Freud seguem agora uma lógica particular: são voltados para a organização de congressos, tentam estabelecer relações, encontros e trocas, visam a tecer alianças. Os fundamentos da psicanálise estão traçados. As viagens desenrolam-se em uma segunda Europa que, no horizonte de Freud, antes não existia. "Aos grupos locais mais velhos de Viena, Berlim, Budapeste, Londres, Holanda, Suíça e Rússia", escreverá nos anos 1930, "uniram-se novos grupos em Paris, Calcutá, dois no Japão, alguns nos Estados Unidos e, ultimamente, um em Jerusalém, um na África do Sul e dois na Escandinávia." Em todas as edições alemãs, a Rússia é omitida. Trata-se de um estratagema para não incorrer na censura e no anti-semitismo que preanunciavam a ascensão do nazismo. A Rússia só foi incluída nas edições inglesas, com autorização explícita de Freud, que mostrava-se (assim como Dostoiévski) convencido da importância da Rússia para a cultura européia. De fato, antes da Revolução de Outubro, Moscou era a terceira capital da psicanálise, depois de Viena e

Zurique. Significativo que, a partir de 1914, os livros de Freud tenham sido traduzidos, na Rússia mais rapidamente que em todos os outros países europeus.

Ao voltar dos Estados Unidos, ou seja, depois de uma experiência que destaca a instância do internacionalismo, outras reuniões e outros encontros esperam por Freud. "É sabido que sempre temia perder o trem quando tinha uma viagem a fazer, e que precisava chegar à estação muito tempo antes da partida." O triestino Edoardo Weiss (*Freud come consulente*) evoca essa divertida dificuldade de Freud com as viagens, os encontros marcados, as partidas, as trocas de trens. Curioso que tenha lhe escapado que a expressão "perder o trem" encerra um significado particular. Na apreensão pelas viagens, aparece metaforicamente o temor de Freud de perder o encontro com a cultura européia. Será a psicanálise quem "vai perder o trem" em relação à cultura européia ou será esta última a perdê-lo no seu "encontro" com a psicanálise?

Uma política, no sentido nobre do termo, começa quando um discurso, uma teoria, uma prática, uma experiência adquirem consistência. Quando se entrevêem novos horizontes. Aí está: no itinerário freudiano é tempo de tirar conclusões, de promover um discurso, de confrontá-lo, de jogá-lo de diferentes formas ao longo de outras interseções e outras alianças. No mito da viagem, assim como é percebido na nossa tradição, a aventura pressupõe um retorno. Muitas vezes é considerado um retorno à pátria, à origem, ao ponto de partida. A bem da verdade, não há retorno ao ponto de partida: seria um retorno ao idêntico. Na psicanálise há, ao contrário do retorno, o aportar: é como uma ponte que leva para outro lugar, mais longe do que se imaginou no início. É uma fronteira aberta que indica um efeito de formação. É o tempo no qual se instaura o mito de Pentecostes, isto é, o mito de um destino projetado em uma língua subjetiva, única.

O aportar é uma solução (também no sentido matemático) sem absolvição. A lógica e o sentido do aportar são descritos, em toda a sua extraordinária complexidade e sabedoria, nos versos com que Homero narra, na *Odisséia*, o retorno de Ulisses a Ítaca. O aportar não é um ponto de chegada, mas de partida. Marca o tempo lógico em que entra em cena a obra: a inteligência pulsional, a eficácia do fazer e do projetar. Goethe também o diria naquele trecho de *Fausto* que Freud ama citar: "O que herdaste dos pais, reconquista-o se queres possuí-lo de verdade." O aportar é estruturado como uma reconquista.

Entre a primeira e a segunda décadas do século XX, as viagens de Freud sulcam a Europa de cima a baixo. Depois de chegar à cidade mais ao sul do Mediterrâneo, Siracusa, volta à fria Nuremberg, onde será fundada a Associação Psicanalítica Internacional. Depois, acontecerá a ruptura com Jung, que se tornou pública no Congresso de Munique. Dois anos mais tarde, a guerra, que abala a disposição da Europa central. Freud afirma que combate em sua "trincheira" teórica: a metapsicologia. Com o Congresso de Budapeste – o conflito bélico termina justamente naqueles dias – abrem-se novas perspectivas em relação à organização do movimento psicanalítico. Por um instante, Freud acalenta a idéia de deslocar a capital da psicanálise para Budapeste. O Congresso de Haia, em 1920, encerrará uma fase do itinerário freudiano e abrirá uma outra, que se diferencia por importantes passos teóricos.

A maior preocupação de Freud é traçar o mapa de uma segunda Europa. Defender a psicanálise não somente dos detratores, dos preconceitos e da intolerância, mas justamente dos psicanalistas outrora próximos dele, como Jung e Adler. É a época das "cisões", mas também de novas alianças e de novas colaborações. A política de Freud busca tenazmente garantir para a psicanálise um estatuto científico; para sua prática, uma experiência que não sejá redutível a uma normalização ou simples terapia; para seus "pilares teóricos", uma solidez que podemos chamar de leve.

Palermo, 1910

"PARA NÃO DESPERTAR A INVEJA DOS DEUSES"

"Palermo foi uma orgia inaudita, que não se deveria conceder apenas a si mesmo": com essas palavras Freud começa uma carta endereçada a Martha em 15 de setembro de 1910. Ele está deixando Palermo para visitar Agrigento e Siracusa. É movido pela curiosidade, por uma insaciável pulsão de saber, mas também pelo desejo de continuar a pensar no próprio projeto de um ponto externo, distante, estranho: "Prometo solenemente que, durante as iminentes fainas do ano, recordarei sempre que já recebi e consumi a minha parte. Ainda não observara tudo junto, tanto esplendor de cores, tantos panoramas, perfumes e tanto bem-estar também. Agora acabou, fechou e só se abrirá para outros. Mas para mim, talvez em Siracusa, ainda poderá acontecer alguma coisa de bom ... . Para não dizer que está tudo cor-de-rosa e não despertar a inveja dos deuses, digo-lhe que hoje lemos pela primeira vez as notícias sobre o cólera em Nápoles. Seguiremos os acontecimentos e vamos nos preparar de acordo com eles. Na Sicília, até agora, não se percebeu nenhum sinal e menos ainda, portanto, em Viena e Budapeste." Viajando, vai-se alhures para pensar diversamente a própria cidade.

Escreve a Jung em 24 de setembro: "A viagem foi muito mais rica e substanciosa e satisfez diversos desejos, o que há muito tempo já se fazia necessário para a economia interna. A Sicília é a região mais bela da Itália e conservou trechos verdadeiramente únicos da antigüidade grega desaparecida, reminiscências infantis que permitem extrair conclusões a respeito do complexo nuclear." A impressão é de que Freud ainda está no Mediterrâneo em busca da "satisfação de desejos, necessária para a economia interna" e de "reminiscências infantis". Mas é fácil enganar-se: Freud está alhures. Seu inconsciente tece novas empresas.

Talvez não seja por acaso que Freud, depois de ter ido para o oeste com a viagem americana, escolha no ano seguinte ir à Sicília, no coração do Mediterrâneo, o ponto mais ao sul. A Sicília não é apenas um dos lugares mais representativos da Magna Grécia, mas a região "européia" que foi a encruzilhada de quase todas as civilizações mediterrâneas. Entre os séculos XVII e XVIII, tornou-se uma das capitais mais significativas da cultura européia. Fantasiar sobre a geografia é por vezes um modo de pensar no itinerário. É como se Freud, que provinha do Leste europeu, quisesse, depois do impacto dos Estados Unidos, retornar à Europa vindo do sul, do centro do Mediterrâneo. Talvez sentisse necessidade de mergulhar nas imagens solares, nas cores da história e dos mitos: são impressões que ele considera "necessárias à economia interna". Questão de respiro.

Dentro em pouco dará outros passos decisivos para revisitar, metaforicamente, as cidades européias: trata-se de uma Europa reatravessada, dessa segunda vez não mais por espírito de aventura ou de pesquisa, mas para engendrar o sucesso da empresa. Os passos de Freud respondem a um desígnio preciso: são etapas que traçam os confins e as fronteiras de uma outra geografia, a do movimento psicanalítico. Um antigo temor o acompanha: "despertar a inveja dos deuses".

Nuremberg, 1910

A POLÍTICA DA PSICANÁLISE

Nessa cidade, em 30 e 31 de março, tem lugar o Segundo Congresso Internacional de psicanálise, dois anos após o de Salzburgo. Freud estava inquieto por causa da ausência de Jung que, naqueles dias, encontrava-se nos Estados Unidos. E Jung não era o único ausente do Congresso: "Ainda não me consolei do fato de que o senhor não virá a Nuremberg", escreve a Pfister. "Bleuler também não vem, Jung está na América, de modo que anseio por seu retorno. O que acontecerá se os zuriquenses me abandonarem?" Apesar de tais temores, com Nuremberg tem início uma política da psicanálise a título pleno: uma direção para as pesquisas, um debate e uma verificação da experiência clínica.

No Congresso, Freud apresenta o texto *As perspectivas futuras da terapêutica psicanalítica* (1910). Basta ler algumas afirmações para perceber o quanto as suas teses estão distantes de uma concepção tecnicista da psicanálise: "A sociedade não pode responder com uma acolhida cortês o desnudamento sem preconceitos de suas insuficiências e dos danos que ela mesma produz; como provocamos o desmoronamento das ilusões, nos censuram por colocar em perigo os ideais." Ou mesmo: "Por mais potentes que possam ser os afetos e os interesses dos homens, o fato intelectual é sempre, ele também, uma potência – incapaz, é bem verdade, de se fazer valer desde o início, mas justamente por isso, com maior certeza ainda no final." As últimas linhas desse texto terminam com uma menção à ética da psicanálise: "Desfrutando da ocasião única e irrepetível de penetrar nos segredos das neuroses, não trabalhem apenas a serviço da ciência; não forneçam a seu paciente apenas o tratamento mais eficaz hoje disponível contra seus sofrimentos; dêem também sua contribuição àquela iluminação das massas, da qual, pela via indireta da autoridade social, esperamos a profilaxia mais radical das afecções neuróticas". No Congresso ficou estabelecido que além do *Jahrbuch für Psychoanalytische und Psychopathologische Forschungen* (fundado pelo Congresso de Salzburgo), seria publicada uma outra revista, a *Zentralblatt für Psychoanalyse*, organizada por Adler e Stekel.

Um dos efeitos mais relevantes do Congresso é a constituição da Associação Psicanalítica Internacional. Entre as várias finalidades científicas, organizativas e de intercâmbio, Freud faz questão de precisar, em um ensaio escrito imediatamente depois do Congresso e intitulado *Psicanálise "selvagem"* (1910), alguns aspectos: "Na primavera de 1910, fundamos uma Associação Psicanalítica Internacional, na qual os membros se reconhecem tornando pública a sua adesão, de modo que se possa recusar as responsabilidades pelas realizações daqueles que, mesmo não sendo um dos nossos, chamam seus procedimentos médicos de 'psicanálise': na realidade, estes analistas 'selvagens' causam mais danos à causa da psicanálise que a cada um dos pacientes." À Associação Psicanalítica Internacional aderiram as Sociedades de Viena, de Berlim e de Zurique. No ano seguinte, unem-se a elas duas sociedades constituídas nos Estados Unidos, a de Nova York e a de Baltimore. Em 1912, Londres e Budapeste aderem.

Nuremberg é a cidade que serve de ponto de partida para a política e a organização da psicanálise na Europa. Para Freud é urgente situar o estatuto e o âmbito de sua invenção, a fim de defendê-lo de misturas desviantes. Não é uma intenção hegemônica ou corporativa, mas também não é ecumênica. O critério permanece eminentemente ético e científico. Como acontece tantas vezes, o tempo de concluir é o tempo em que as estradas divergem.

A ruptura com Jung aproxima-se. Justamente no ensaio "A história do movimento psicanalítico", na época do encontro de Nuremberg, Freud afirma: "Começava a pensar em dar uma organização ao movimento psicanalítico, deslocar seu centro para Zurique e dar-lhe um chefe que levasse a peito o seu futuro ... ." Menos de dois anos depois, em novembro de 1914, escreverá a Jung as seguintes palavras: "Minhas saudações por sua volta da América, já não tão afetuosamente como da última vez em Nuremberg ... . Agradeço as notícias sobre o estado das coisas na América. Mas, como sabemos, a disputa não será decidida por lá. O senhor, contudo, não deveria considerar um mérito o fato de que suas modificações tenham diminuído muitas resistências, pois sabe que quanto mais quiser se afastar das inovações psicanalíticas, tanto maior serão os aplausos dos outros e menor a resistência." Bem diversa, portanto, de uma questão pessoal é aquela que leva Freud a alertar Jung sobre o "afastar-se das inovações psicanalíticas". Nesse momento os caminhos divergem.

Leiden, 1910

ENREDOS

No verão de 1910, Freud passa, com os filhos menores, duas semanas em um hotel de Nordvik, na costa do mar do Norte, pouco distante de Leiden. Após a Holanda, seu programa era ir, apesar da epidemia de cólera que grassava na Itália, a Roma e à Sicília. Entre tantos livros, naquele verão ele leu o *Nascimento da república holandesa*, de J.L. Motlev, para estudar, afirma ele, "como algo de inverossimelmente pequeno torna-se grande graças a uma obstinação e a uma vontade inabalável".

Em uma carta a Jung de 18 de agosto: "Terça-feira fui convidado por Debruine a ir a Leiden." Jan Rudolf Debruine, médico holandês, sugerira a Gustav Mahler que marcasse uma consulta com Freud. Ao primeiro telegrama que Mahler envia a Freud no verão de 1910 para marcar um encontro segue-se imediatamente um segundo, que o anula. Depois outro pedido e logo em seguida um desmentido. Freud comunica a Mahler que não há muito tempo para um eventual encontro pois logo partiria para a Itália. O encontro finalmente tem lugar em 26 de agosto. "Mahler sofria de *folie du doute* por causa de sua neurose obsessiva, por isso o procedimento de marcação repetiu-se por três vezes", escreve Freud a Jones. Passeiam durante toda a tarde nas estradinhas da velha cidade universitária. "Tive assim ocasião de admirar toda a inteligência psicológica desse criador genial", conta Freud.

Mahler, "que compunha sons que ninguém jamais sonhara", tinha 50 anos e era um compositor de sucesso. Naqueles meses, dedicava suas energias à direção da Ópera e da Orquestra Filarmônica de Viena. Em 1907, depois da morte de uma de suas filhas, começam a surgir dificuldades. Mahler está compondo a sua Décima Sinfonia quando a história de um provável amante de sua mulher Alma torna-lhe impossível continuar o trabalho. Em seu *Lembranças e cartas*, Mahler fala dos "avanços impetuosos de um jovem amante, que abriram os olhos de Alma". Significativo que Alma, filha de um conhecido pintor, tivesse recusado outros pretendentes para casar-se com Mahler, que em alemão significa justamente "pintor". Ainda mais curioso o fato de que o cortejador de Alma tenha endereçado por engano uma carta ao "senhor" ao invés da "senhora" Mahler.

Mesmo não conhecendo as teorias freudianas, o compositor logo entendeu de que "música" se tratava: é como se o pretendente da mulher tivesse enviado a carta realmente para ele, quase como se lhe pedisse a mão da mulher.

Como funcionou em termos analíticos aquela longa conversação entre Mahler e Freud? Pouco ou nada sabemos. Alma conta que o marido "fez um resumo de seus estranhos estados mentais e de suas ansiedades, e Freud, aparentemente, conseguiu acalmá-lo". Freud alude apenas à modalidade "terapêutica" do passeio: "Situações e circunstâncias extraordinárias, assim como personalidades extraordinárias, exigem procedimentos extraordinários." E mais não sabemos.

Detivemo-nos em Leiden porque é a cidadezinha que representa o emblema dos encontros de Freud com outros intelectuais e artistas de sua época. É o caso aqui de Mahler e, indiretamente, de Thomas Mann. Talvez mais do que encontros, fossem imprevisíveis enredos, sutis tessituras, estranhas coincidências. Não são evidentes, mas se quiséssemos desenredar seus fios perceberíamos que o pensamento e a autoridade de Freud começam, de modo mais ou menos manifesto, a se difundir na cultura européia.

Como escreve Katia Mann, que na primavera de 1911 encontrava-se em Veneza com o marido Thomas Mann, durante toda a agonia de Mahler "os jornais publicaram boletins sobre suas condições com intervalos de praticamente poucas horas, como se se tratasse de um príncipe reinante". O casal Mann habitava perto do célebre Hotel des Bains do Lido. Frederic Grunfeld escreve em seu livro *Profetas sem honra*: "Foi então que a atenção de Mann foi atraída para uma família polonesa, com as moças vestidas bastante rigidamente e um delicioso, belíssimo rapazola de cerca de 13 anos, vestido de marinheirinho, que ele se divertia a observar na praia." As férias de Mann foram interrompidas pela notícia de que o cólera, que poupara Freud na Sicília no ano anterior, deslocava-se para o norte, para Veneza. Foi nessas histórias que Mann inspirou-se para *Morte em Veneza*, escrito em 1912. O personagem central, Gustav von Aschenbach, apresenta uma semelhança indubitável com Gustav Mahler: "O luto que se seguiu à morte de Mahler chocou meu marido a tal ponto que ao descrever as características físicas de Von Aschenbach fez praticamente um retrato de Mahler", escreve Katia Mann. Mas também é significativo recordar que Thomas Mann, em 1925, afirmará que "pelo menos um trabalho, o breve romance *Morte em Veneza*, foi composto sob a influência direta de Freud". Mais adiante, em 1936, irá declarar que "a psicanálise representou a maior contribuição à arte do romance".

Weimar, 1911

A INTELIGÊNCIA DA DOR

O Terceiro Congresso Internacional desenrolou-se entre 21 e 22 de setembro no mais prestigioso hotel de Weimar, o Erprinz. Karl Abraham cuidou da organização. Das atas do Congresso constam cinqüenta e cinco participantes. As exposições, escreve Jones, "foram todas de alto nível e algumas até se transformaram em obras clássicas da literatura psicanalítica".

Menos de um mês depois do Congresso, Freud escreve a Jung: "Um pouco cansado da batalha e da vitória, comunico-lhe que ontem obriguei todo o bando de Adler (seis figuras) a deixar a Associação. Fui cortante, mas certamente não injusto. Eles fundaram uma sociedade própria por uma psicanálise 'livre' em contraposição à nossa, que não é livre, e querem publicar uma revista deles etc.; todavia, insistiam em seu direito de permanecer conosco, naturalmente para conseguir por meios parasitários sugestões e material para ser deformado. Tornei tal simbiose impossível." Tratava-se do primeiro dissídio interno à comunidade psicanalítica. "As jornadas de Zurique e Weimar", prossegue ele na mesma carta, "tornam-se agora, na lembrança, cada dia mais belas ... . O intercâmbio de idéias, as esperanças e as satisfações daquele período destacam-se agora em contornos sempre mais puros."

"Surgiram na Europa", declara Freud em 1914, quando a ruptura com Jung já era fato, "dois movimentos de cisão em relação à psicanálise, guiados por pessoas (Alfred Adler e Carl Gustav Jung) que, até então, desempenhavam um papel de considerável importância no interior da jovem disciplina. Ambos os movimentos pareciam bastante arriscados e conquistaram rapidamente um número notável de seguidores. Sua força não era devida, contudo, a um conteúdo particular, mas à promessa atraente de poder se liberar dos resultados desagradáveis da psicanálise, mas sem ter que renegar seus resultados efetivos." A cada vez que o movimento psicanalítico sofre cisões, rupturas, defecções, afastamentos ou demissões, Freud se verá obrigado a reformular e reconsiderar a especificidade da psicanálise.

No mês de setembro daquele ano, Lou Andreas-Salomé ingressa oficialmente no ambiente psicanalítico, participando do Congresso. Lá conhece Freud e amadurece a decisão de ir a Viena no semestre entre 1912 e 1913 para freqüentar as "reuniões das quartas-feiras". "Parando para pensar, parece que minha vida esperava pelo advento da psicanálise desde que saí da infância", escreve Salomé em seus diários. Escritora e ensaísta de origem russa, Salomé vivera durante longos períodos em Roma, Berlim, Paris, Viena, Estocolmo, Göttingen. Foi amiga, confidente (e mesmo amante) de alguns dos protagonistas da cultura do início do século, como Nietzsche, Rilke, Martin Buber, Frank Wedekind. "Duas marcas opostas entre si, que a vida escavou dentro de mim, prepararam-me para receber a psicologia freudiana: ter visto e vivido de perto o extraordinário e raro destino de uma alma individual (Rilke) e ter crescido em meio a um povo cuja interioridade se comunica sem complicações (o russo)."

Durante sua permanência em Viena, certo dia Salomé deu uma de suas poesias, "Hino à vida", escrita aos 20 anos, para que Freud lesse. O verso final fora particularmente apreciado por Nietzsche: "Não tens outra felicidade a dar-me, ótimo! Tens ainda a tua pena ...". Quando Freud leu tais palavras disse: "Não! Não concordo! Um forte e incurável resfriado crônico já seria suficiente para afastar de mim tais veleidades." Depois de vários anos, no último encontro entre Freud e Salomé ocorrido em 1928 no parque Tegel em Berlim, a conversação retornou àquela poesia juvenil. Há alguns anos, Freud sofria com o tumor na boca. Ao recordar aquele distante episódio, Salomé conta: "Aconteceu alguma coisa que eu mesma não entendi, algo que, sobre meus lábios trêmulos, parecia uma rebelião contra o seu destino, o seu martírio: 'Aquilo que eu disse então levianamente em meu entusiasmo imaturo, o senhor o fez!' Em seguida, assustada com a franqueza com que abordara semelhante argumento, desatei num pranto convulso, incontido. Freud não respondeu. Apenas senti seu braço ao redor dos meus ombros."

Weimar poderia chamar-se cidade da dor: o emblema de onde começa no itinerário freudiano uma dor intelectual. Não é tanto a perda de Adler e de seu grupo (ou a iminente ruptura com Jung) que provoca a inquietação de Freud, mas antes o símbolo que representa: é como um ato falho, uma dobra imprevista, uma espécie de desilusão que diminui ou até recoloca em questão o projeto inteiro.

É significativo que, depois do Congresso de Weimar, Freud conclua a redação de *Totem e tabu*. De fato, nesse texto ele elabora, por via indireta, a conexão entre dor e sentimento de culpa inconsciente. O mito do assassinato do pai constitui o núcleo que funda e institui o sentimento de culpa inconsciente. Coloca-se em questão aqui aquela estreitíssima relação entre dor e culpa que angustia os humanos desde Jó. A notação freudiana segundo a qual o sentimento de culpa precede estruturalmente e, portanto, "produz" o crime – e não o contrário – comporta implicações relevantes. O passo teórico dado por Freud é decisivo: consiste em separar a dor da culpa. Propriamente falando, se a dor psíquica refere-se a uma vicissitude da lógica pulsional, a culpa concerne a um aspecto da lógica da fantasia. Com Weimar, a dor torna-se dor pulsional: isso se situa entre o itinerário e a meta, entre a dificuldade e a aposta, entre o investimento psíquico e a impossibilidade da renúncia. Mas é coisa diversa do sofrimento e de sua mitologia.

Vamos percorrer rapidamente o modo como Freud elabora a questão da dor depois de *Totem e tabu*. Antes de mais nada, uma premissa: se o tema da dor ficasse tal como está exposto em *Totem e tabu*, em linhas gerais, ainda assim seria situável no âmbito da tradição hebraica. Em 1915, quatro anos depois do Congresso de Weimar, no ensaio *Luto e melancolia*, Freud afirma que o melancólico "não sabe distinguir com clareza o que foi perdido". No luto, ao contrário, "nada daquilo que diz respeito à perda é inconsciente". Dez anos mais tarde, em *Inibição, sintoma e angústia* (1926) ele observará que "sabemos pouquíssimo da dor". O ensaio de 1924, "O problema econômico do masoquismo", tem como ponto de partida a seguinte consideração: "Tem razão quem afirma que a existência de uma tendência masoquista na vida pulsional humana representa um enigma do ponto de vista econômico." E mais adiante: "Apenas pouquíssimos de nós somos capazes de entender de modo impessoal o obscuro poder do destino."

Para Freud, a questão da dor psíquica permanece, do ponto de vista metapsicológico, como um enigma. Impõem-se algumas reflexões. A dor intelectual desembarca, para retomar um termo caro a Nietzsche, em uma "segunda inocência". "É uma inocência que não precede o pecado, mas o segue", observa Ferruccio Masini em *Lo scriba del caos*. Trata-se, portanto, de uma inocência que decorre e depende da elaboração do sentimento de culpa inconsciente. Já no ensaio de 1906 *A psicanálise e a determinação dos fatos nos processos jurídicos*, Freud destacava que "podemos ser desviados do neurótico, o qual reage como se fosse culpado mesmo sendo inocente, porque um sentimento de culpa que já existia e estava incubado toma conta da acusação que lhe é feita no caso específico". Com esta última observação, Freud fez teoricamente a distinção entre a "consciência de culpa", ou seja, a idéia consciente que fazemos em torno ao motivo da culpa, e "sentimento de culpa inconsciente". Distinção essencial: o conceito de responsabilidade fica situado assim em dois tópicos e em dois estatutos diferentes. A consciência de culpa do neurótico parodia um assumir de responsabilidade, enquanto o sentimento de culpa inconsciente evidencia o paradoxo daquilo que os juristas chamam de "imputabilidade". Freud talvez tenha sido o primeiro a perceber que o sentimento de culpa inconsciente, uma vez elaborada a estrutura fantasística que constitui seu suporte, pode trabalhar a favor do itinerário, ou seja, pode ser um recurso ao invés de um obstáculo ou uma negação.

Nada está perdido para a dor psíquica, pois nada é perdido para a inteligência pulsional. No máximo, a dor divide as coisas e ao dividi-las reencontra-as diferentes, dotadas de um outro sentido. A dor encontra, não perde, sugere Freud. E vale também o contrário: sem uma elaboração do sentimento de culpa inconsciente, a dor encontra até mesmo o que nunca houve, ou seja, uma culpa. Trata-se, em um certo sentido, da economia política do neurótico, de seu regime baseado em "fatos" imaginários, em expiações inexpiáveis, adiadas, antecipadas, projetadas, guardadas como tesouros. Nesse sentido, o sintoma é a "moeda psíquica" com a qual o neurótico satisfaz, paradoxalmente, o sentimento inconsciente de culpa.

Para Freud, a dor é dotada de inteligência e de engenho. Introduz, de fato, uma orientação diversa, uma espécie de mobilização psíquica, uma direção e uma escolha de sentido diferentes. A dor relê os acontecimentos, reinterroga a natureza das coisas, sua raiz enigmática. Esta dor intelectual encontra muito mais do que aquilo que pensa ter perdido: o essencial do investimento e do itinerário. A "segunda inocência", já distante da economia da consciência de culpa e de seu regime neurótico, anuncia que não há mais uma culpa (admitida ou desmentida, projetada ou expiada) que consiga limitar, justificar, "marcar" a subjetividade.

Com Weimar, Freud percebe que ao longo do caminho que conduz à própria cidade, ao longo do temor do aportar, há a dor intelectual. Como Ulisses depois de ter reconhecido Ítaca. Essa dor nos acompanha: é como se fôssemos obrigados a confiar em um mapa, a utilizá-lo, sem saber que vantagens e ganhos obteremos. Ainda uma vez é questão de pulsão, de inteligência pulsional. "Charlatão, quem quer que pretenda operar sem dor. Duas vezes impostor quem propõe, sem cirurgia, curas milagrosas e uma solução para o insolúvel", escreve Vladimir Jankelevitch no *Tratado das virtudes.*

Munique, 1913

A SEGUNDA FLECHA

No verão de 1913, durante as estadias em Marienbad para uma cura termal e em San Martino de Castrozza, no espírito de Freud paira um sentido de desconforto, de desilusão e de preocupação por causa da inevitável ruptura com Jung, o seu "herdeiro". No início de setembro deveria acontecer no hotel Bayerischer Hof de Munique o quarto Congresso, no qual ele comunicaria publicamente a ruptura com Jung. "Depois de Munique, as coisas não andam bem, há um ar de crise", escreve Freud a Salomé.

Embora a ruptura com Jung tenha sido preanunciada, ele foi reeleito presidente com cinqüenta e dois votos favoráveis e a abstenção de vinte membros mais próximos a Freud. A eventualidade de uma cisão propriamente dita transforma-se numa realidade de fato. Em fins do mesmo ano, além de concluir *O Moisés de Michelangelo* (1914), Freud começa a escrever a *Introdução ao narcisismo* (1914) e *A história do movimento psicanalítico* (1914), com os quais pretende precisar a direção da pesquisa psicanalítica depois do afastamento de Jung. Este último, no início de 1914, resolve demitir-se da Associação Psicanalítica Internacional com todo o grupo dos suíços.

Nos dias do Congresso de Munique, Salomé apresentara a Freud um amigo seu: o poeta Rainer Maria Rilke. "Fiquei contente", escreve Salomé no diário, "de apresentar Rainer a Freud: simpatizaram um com o outro, de modo que ficamos juntos até tarde, no hotel de Freud, até altas horas da noite." Rilke nascera em Praga e, antes da viagem com Salomé à Rússia em 1900, transferira-se durante longos períodos para Viena, Munique, Berlim, capitais da "decadência" européia. "Entre o longo refluxo da filosofia idealista pós-kantiana e a maré montante do darwinismo e do positivismo, formava-se naturalmente em literatura e arte toda uma geração de literatos, artistas, filósofos", afirma Mazzino Montinari na introdução à correspondência entre Freud e Salomé, *Eros e conhecimento*.

Rilke e Freud encontraram-se pela primeira vez em Munique. No final da carta de 30 de março de 1915, que Salomé envia a Freud, Rilke acrescenta algumas linhas: "Caro professor Freud, não estive mais em Viena depois de nosso encontro. Envio uma saudação cordial a seu filho, se estiver em casa, e ao senhor o meu mais profundo respeito. Seu devoto, R.M. Rilke." Respondendo a Salomé, Freud dá conta do modo apressado com que Rilke se dirige a ele e escreve com humor: "Peço-lhe que relate ao senhor R.M. Rilke que tenho também uma filha de 19 anos que conhece seus versos, cita-os em parte de memória e está com ciúmes da saudação enviada por ele ao irmão, que está em Klagenfurt." Por volta do final de 1915, antes do recrutamento, Rilke visita a família Freud. "O nosso Ernst", escreve Freud em uma carta a Salomé de 1916, "finalmente conheceu o seu mestre Rilke. Mas não aqui entre nós.

Não houve meio de convencer Rilke a visitar-nos uma segunda vez, embora a primeira visita, que precedeu sua chamada para prestar serviço militar, tenha sido tão cordial."

No verão de 1914 muitas histórias se concluem e muitas se abrem. Justamente durante uma fase delicada do itinerário freudiano, em 29 de julho a Áustria-Hungria declara guerra à Sérvia, dando início ao primeiro conflito bélico. Durante pelo menos cinco anos não haverá mais congressos psicanalíticos.

Em 1916, com a guerra avançada, Freud termina o ensaio "Sobre a transitoriedade" (*Vergänglichkeit*). As considerações teóricas que aí aparecem partem de algumas observações que remontam ao verão de 1913, durante as férias em San Martino de Castrozza, pouco antes do Congresso de Munique. Os temas da guerra e da destruição, embora permaneçam no pano de fundo, estão bem presentes.

O próprio título desse breve ensaio se presta a algumas considerações. *Vergänglichkeit* deriva do verbo alemão *vergeben*, que significa passar, transcorrer, cessar, esvair-se: transitoriedade, portanto. Mas também fugacidade, instabilidade. É a temática do efêmero. Nas primeiras páginas do ensaio Freud conta: "Não tem muito tempo, em companhia de um amigo silencioso e de um poeta já famoso apesar da jovem idade, dei um passeio em uma região estiva em plena floração." Herbert Lehmann afirma que aquele "poeta já famoso apesar da jovem idade" era Rilke, que na ocasião ainda não chegara aos 40 anos.

De fato, confrontando as primeiras considerações de Freud sobre a transitoriedade e os versos de Rilke escritos naqueles anos nas *Elegias de Duíno*, a hipótese é facilmente verificável. "O poeta", prossegue Freud, "admirava a beleza da natureza a nosso redor, mas disso não extraía alegria. Perturbava-o o pensamento de que toda aquela beleza era destinada a perecer, que com a chegada do inverno estaria desaparecida: como, aliás, toda a beleza humana, como tudo aquilo que de belo e nobre os homens criaram ou poderão criar." E prossegue: "Contestei, porém, ao poeta pessimista que a transitoriedade do belo implicasse uma sua depreciação." Mais adiante: "Parecia-me que tais considerações fossem inconstestáveis, mas percebi que não causara nenhuma impressão, nem no poeta, nem no amigo. Tal insucesso levou-me a considerar que um forte fator afetivo estivesse intervindo e perturbando seu juízo; mais tarde creio que descobri esse fator. Deve ter sido a rebelião psíquica contra o luto que depreciava o gozo do belo a seus olhos. A idéia de que toda aquela beleza fosse efêmera fazia com que aquelas duas almas sensíveis pressentissem o luto por seu fim; e como a alma humana foge instintivamente de tudo o que é doloroso, eles percebiam em seu gozo do belo a interferência perturbadora da idéia de transitoriedade." Por que esse encontro, mesmo fugaz, entre Rilke e Freud foi esquecido? Não se encontra na história da psicanálise um sinal da troca de idéias entre eles sobre o tema da caducidade e suas implicações. Negligenciada pela pesquisa psicanalítica, a notável riqueza "teórica" da poesia de Rilke não escapou, por exemplo, a Heidegger, que retomou de um ponto de vista filosófico alguns de seus temas.

A distância de Freud de qualquer atitude niilista evidencia-se no modo como ele elabora a questão do luto. É justamente ao longo desse caminho que ele chega, de fato, à noção de pulsão de morte. Todavia, Freud leva mais adiante o tema da caducidade: nota, por exemplo, que a própria morte é estruturalmente irrepresentável. A diferença é essencial: uma coisa é *representar* a morte, outra é morrer. O extraordinário passo seguinte dado por Freud é esse: a possibilidade de representar a morte, com suas imagens multiformes, resguarda a vida, protege-a. Em outros termos: a pulsão de morte preserva a vida. Edmond Jabès se pergunta: "Por que se esforçar para convencer a morte a não nos fazer morrer se sabemos que devemos morrer sem ela?"

Consideremos a estrutura da caducidade. *Vergänglichkeit*, dizíamos, remete a cessar, esvair-se. "*Mir vergeht die Lust*" é traduzível por "passou-me a vontade". O reflexivo, *sich vergehen* significa "cometer uma falta", "faltar". Esta constelação semântica relativa à caducidade indica um traço do funcionamento pulsional: a caducidade acompanha o destino da satisfação quando, por meio do objeto (*Objekt*) atinge-se a meta (*Triebziel*). Aqui a força pulsional (*Drang*) extingue-se, atingindo "um estado do todo isento de estímulos". A caducidade, em relação aos quatro componentes da pulsão distintos por Freud – fonte, força, objeto, meta – pode se situar naquele momento temporal imediatamente seguinte ao atingir da meta: "A satisfação só pode ser atingida suprimindo-se o estado de estimulação da fonte da pulsão", escreve Freud em *Pulsões e seus destinos* (1915). Se a elaboração freudiana da pulsão de morte toma como ponto de partida o tema da caducidade, esta última, propriamente, diz respeito ao aspecto temporal da pulsão: como se o sentido de caducidade evidenciasse uma satisfação incompleta, parcial ou mesmo faltosa. A caducidade é, definitivamente, uma figura da insatisfação. Indica, portanto, o destino da satisfação e não aquele do objeto. Embora pareça o contrário, efêmera é a satisfação, não o objeto.

No diálogo inicial entre Bassânio e Antônio em *O mercador de Veneza* de Shakespeare, encontramos um excelente desenvolvimento do tema da caducidade. É a cena em que Bassânio é obrigado, pela segunda vez, a pedir dinheiro ao amigo Antônio, para escapar da chantagem de Shylock. Eis o raciocínio de Bassânio: "No tempo em que ia à escola, se perdia uma flecha, atirava outra com o mesmo ímpeto e na mesma direção; depois, seguindo cuidadosamente a sua trajetória, acontecia-me de encontrar a primeira: e assim, arriscando duas, recuperava muitas vezes as duas... . Se lhe compraz [dirige-se a Antônio] atirar agora uma outra flecha do mesmo modo que a primeira, não duvido que, seguindo sua trajetória desta vez com maior atenção, eu recupere todas as duas ou pelo menos traga de volta esta segunda que arriscaste, restando-lhe sempre grato e devedor da primeira." O movimento pulsional procede exatamente do modo descrito por Shakespeare: se no primeiro tempo o sujeito acredita ter perdido o que pensava ter (o objeto), é somente no segundo tempo que pode encontrar aquilo que pensa que não obteve anteriormente, ou seja, a satisfação.

A segunda flecha permite encontrar muito mais do que fora perdido com a primeira: trata-se de um espécie de mais-valia. A ênfase é colocada no fato de que, renunciando-se à satisfação, perde-se tudo, até aquilo que não se tem. Que imagem melhor que a da flecha lançada na mesma direção e com a mesma força para descrever a lógica pulsional e mais ainda a estrutura da repetição? O termo alemão usado por Freud para exprimir o conceito de repetição é *Wiederholung*. A palavra é composta por *wieder* ("de novo", "outra vez", "ainda") e pelo verbo *holen* que significa propriamente "ir ou vir pegar". A repetição é, portanto, "ir pegar de novo" aquela satisfação que da primeira vez pareceu perdida ou faltosa.

A lógica da repetição, que Freud toma como ponto de partida para elaborar a pulsão de morte, é estruturada por uma lógica particular da temporalidade. Esta última, para ficar na imagem da flecha, é brilhantemente expressa por um verso de Heráclito, usado por Lacan como epígrafe ao capítulo "A pulsão parcial e seu circuito", do seminário *Os quatro conceitos fundamentais da psicanálise* (1964): "Ao arco é dado o nome da vida e a sua obra é morte." Comenta Lacan: "O que a pulsão integra de saída em toda a sua existência é uma dialética do arco, diria mesmo do arco e da flecha. ... O que é fundamental, no nível de cada pulsão, é o vaivém em que ela se estrutura." Nas palavras de Heráclito, a caducidade deve ser situada justamente na cesura entre o primeiro movimento ("ao arco é dado o nome da vida ...") e o segundo ("... e a sua obra é morte"): nessa pausa entre disjunção e conjunção, entre satisfação perdida e reencontrada, o impulso pulsional arremessa a sua segunda flecha. Estamos além do princípio da *desilusão*, além da crença na caducidade. A segunda flecha, embora arremessada na condição da *desilusão*, indica a irrenunciabilidade da *ilusão*. Essa impossível renúncia pulsional abre caminho para a satisfação e para seu destino.

Munique representa o ponto de disjunção simbolizado pela ruptura com Jung, mas ao mesmo tempo de conjunção, com os passos e reviravoltas imediatamente seguintes. Se Freud não tivesse elaborado a questão da caducidade, talvez tivesse acreditado na morte do próprio projeto, tivesse parado na desilusão. O itinerário continua através da repetição quando a pulsão de morte libera aquela leve sabedoria que provém da desilusão.

Afrontando o tema da caducidade Freud encontra o meio de lançar uma segunda flecha – a reviravolta teórica da metapsicologia – que lhe permitirá recuperar também a primeira flecha: distinguir a natureza do equívoco que o enganara ao superestimar a posição imaginária que Jung deveria ocupar. Depois de Munique, Freud é obrigado pela desilusão experimentada por causa de Jung a reelaborar a idéia de um "herdeiro" do movimento psicanalítico. Mas por que justamente um herdeiro? Que sucessão? Que patrimônio? Por que Freud acreditou durante tantos anos que não poderia, ele mesmo, pôr-se à frente do movimento psicanalítico? Agora ele é radicalmente obrigado a colocar em questão essa sua antiga crença. Percebe que tem em seu arco um número infinito de flechas. E percebe isso fazendo-se psicanalista de sua própria experiência.

Montes Tatras, 1917

O SUBLIME

Os anos da guerra são para Freud ricos em considerações e reflexões metapsicológicas. Duas são as direções: a elaboração da pulsão de morte e o desenvolvimento de um tema antigo, aquele da estrutura do monoteísmo, que o leva, em 1919, à redação de *Bate-se numa criança*. Este último texto, escrito imediatamente depois da guerra, é de grande relevância: ao explorar algumas fantasias infantis em jogo na ligação entre irmãos, assim como entre o filho e o pai, elabora, embora indiretamente, a origem da idéia de guerra. Toda guerra, menciona Freud, não pode deixar de constituir-se como guerra de religião.

Quais são as viagens freudianas nesse período? Eminentemente aquelas da escritura e do avanço metapsicológico. Em 1914, Freud deveria ir a Siusi, mas, ao contrário, é obrigado a passar alguns dias em Karlsbad. Em 1915, passa um período em Berchtesgaden e ainda em Karlsbad. Em 1916, vai a Gastein e depois a Salzburgo. Em seguida, os deslocamentos tornam-se mais e mais raros em razão das dificuldades e incômodos causados pela guerra. Em 1917, contudo, superando notáveis dificuldades, Ferenczi consegue organizar umas férias para a família Freud nos montes Tatras, situados na Hungria, nos Cárpatos ocidentais.

Em julho de 1917, escrevendo a Salomé do cimo dos montes Tatras, Freud fala do paraíso. Mas é um paraíso sombrio, onde o olhar volta-se para a interioridade, onde os montes e a paisagem quase parecem fazer parte do espelho da alma. São palavras extraordinárias: "Cá estou eu aqui em cima a gelar nos montes Tatras. Se existisse um paraíso frio, seria possível transferi-lo para cá; no paraíso deve fazer calor e talvez um calor que pode ser abrasador, e lá deve soprar um vento tépido ao invés da gélida ventania que tenta arrancar as folhas da carta que estou escrevendo. Se se escreve também no paraíso, certamente não será vestindo um casacão. O bloqueio mundial e a promessa de alimentar-nos trouxeram-nos até aqui em cima. De resto, tudo prossegue muito bem." Antes de abandonar-se a altas empresas não há melhor condição que a solidão. "Os picos do Alto Tatras", prossegue a carta, "observam-me ameaçadores enquanto me arrisco a criticar o tempo e o clima. Já lhe escrevi que fui proposto para o Prêmio Nobel? Não acredito que conseguirei experimentá-lo ainda vivo, mesmo quando deveriam ter fim as incertezas para conferi-lo."

Enquanto retorna de trem para Viena, a partir das observações precedentes, escreve *Uma recordação de infância de* Dichtung und Wahrheit *de Goethe* (1917). O episódio que o intriga refere-se à infância de Goethe, quando este, incitado por vizinhos, começa a jogar pela janela tigelas e panelas de barro "gozando ao vê-las despedaçando-se de modo tão engraçado". Freud comenta: "Poderíamos, portanto, formar a opinião de que o ato de jogar os vasilhames é uma ação simbólica, ou mais exatamente uma ação mágica, com a qual o menino (Goethe) exprime violentamente o seu desejo de eliminar o intruso que o perturba." Quem são os intrusos? Os irmãos: "o novo menino deve ser 'jogado fora', se possível pela janela, pois pela janela ele entrou", como recita a fábula da cegonha. E nas últimas linhas do ensaio: "Se um homem foi o benjamim incontestado da mãe, conserva depois para toda a vida aquele sentimento de conquistador, aquela confiança no sucesso que não tão raro arrasta realmente o sucesso consigo."

Se lançar longe ou jogar fora indicam a medida através da qual algo é percebido como próximo ou distante, as alturas dos montes Tatras constituem o emblema no qual o aportar parece ao mesmo tempo próximo e distante. A imagem desses montes faz pensar em algo de extremamente alto e de extremamente baixo: emblema da "profundidade" do projeto. *Profundus* em latim, além de indicar seja altura, seja profundidade, significa também "sem fundo", "sem limites", "inexaurível". É o tema do sublime, mas é como se estivesse disposto ao longo de um eixo horizontal no qual altura e profundidade se projetam em distância e proximidade. Eis a solidão: o tempo em que estamos mais próximos e mais distantes de nós mesmos. Na fronteira de uma passagem.

No fundo entrevemos o tema da fé, do absoluto e do incomensurável. Eis as palavras com que Samuel Taylor Coleridge evoca uma paisagem que talvez não seja tão distante das imagens dos montes Tatras descritas por Freud: "Minha mente parece sofrer ao olhar e ao conhecer algo de grande, algo de uno e indivisível, e é apenas no âmbito desta fé que rochas e cascatas, montanhas e cavernas dão-me o sentido do sublime ou da majestade. Mas nesta fé todas as coisas simulam o infinito." O que é aqui a fé senão algo de incomensurável, algo que parece estar ao mesmo tempo ao alcance da mão e remotíssimo?

Os anos da guerra são a ocasião para importantes passos teóricos: "Vivo em minha trincheira particular, medito e escrevo e depois de difíceis batalhas consegui alcançar a linha de frente de enigmas e dificuldades." O "paraíso frio" evocado por Freud em sua estadia nos Tatras nada mais é que aquele oxímoro – figura do sublime ou da coincidência dos contrários – que testemunha a incomensurável distância entre o passo dado ("a linha de frente de enigmas e dificuldades") e aquele que ainda falta dar. No fundo, Freud sempre soube disso: "Do sublime ao ridículo não há senão um passo..."

Budapeste, 1918

QUE RECONHECIMENTO?

"Em poucos dias, irei com minha filhinha menor a Budapeste, onde um amigo e novo benfeitor da psicanálise nos hospedará em sua vila." Dali a alguns meses, no final de setembro de 1918, teria lugar o quinto Congresso Internacional de Psicanálise. De início a sede deveria ser Breslávia, mas os médicos austro-húngaros do serviço público não receberam a licença necessária para ir à Alemanha. A sede do Congresso, cujo tema eram as neuroses de guerra, foi então transferida para Budapeste.

"Foi tudo muito bem", escreve Freud depois do Congresso, "e foi realmente uma desforra em relação ao Congresso de Munique: acolhida oficial por parte do prefeito, recepção requintada, presença do responsável pelo serviço sanitário de Budapeste, de um general austríaco e de dois representantes oficiais do Ministério da Guerra alemão, concessão da sala de reuniões da Academia das Ciências. Em suma, todos os ingredientes habituais de um congresso, que no entanto nunca haviam sido reservados às nossas iniciativas até então." Justamente no segundo dia do Congresso a vizinha Bulgária assinou o armistício com os exércitos das potências aliadas que avançavam vitoriosas. A guerra terminara. As autoridades de Budapeste ofereceram aos congressistas uma generosa recepção, colocando à sua disposição, entre outras coisas, uma pequeno vapor para a navegação no Danúbio.

Pela primeira vez na história da psicanálise, certamente também pela atualidade do tema pré-escolhido, participaram do Congresso representantes dos governos da Hungria, da Áustria e da Alemanha. "Com o fim das condições bélicas", escreveu Freud em seguida, "desapareceram também, em sua maioria, os estados morbosos de natureza neurótica provocados pela guerra. E assim, infelizmente, desaparecia a oportunidade de investigar a fundo estas afecções. É obrigatório acrescentar: devemos esperar que ela não retorne tão cedo."

No período do imediato pós-guerra Freud dedica-se essencialmente a reorganizar e a entrelaçar novamente os fios do movimento psicanalítico. Em Budapeste, precisamente, o húngaro Anton von Freund, um rico fabricante de cerveja, tornou possível, graças a seu apoio financeiro, a fundação, no verão de 1918, da editora psicanalítica International Psychoanalytischer Verlag, com sede em Viena. As recomendações que Freud envia por carta a Von Freund poucos dias antes do início do Congresso são muito detalhadas: "Em primeiro lugar, que o elemento oficial não prevaleça, banquetes, discursos, alocuções solenes e assim por diante: todas essas coisas absurdas, devemos deixá-las para outras reuniões. No mínimo, em todo caso, é preciso que saibam que eu não participarei disso tudo, não direi uma palavra, não afetarei maneirismos solenes e outras coisas mais. Em uma palavra: permanecerei passivo. ... Digo isso em seu interesse, pois não gostaria que aparecesse apenas sob a luz daquele que dá o dinheiro, um papel que, justamente, o senhor não quer desempenhar." A aventura de Freud recomeça com entusiasmo: "Não somente vai se pôr de novo em movimento o mecanismo que nesse momento está reduzido quase à imobilidade", escreve em uma carta a Salomé, "mas será criada uma editora psicanalítica, revistas serão publicadas com a tiragem necessária e programa-se completá-las com outras publicações paralelas. Esses projetos serão sustentados por uma soma de duzentos e cinqüenta milhões de coroas, colocadas à disposição por um mecenas de Budapeste."

A conferência apresentada por Freud ao Congresso intitula-se *Linhas de progresso na terapia psicanalítica*. O argumento ecoa o fato de que no imediato pós-guerra, especialmente na Hungria, fazia-se muito forte a exigência de estender a prática psicanalítica às mais amplas camadas sociais e institucionais. "Em muitos casos", anota Freud, "talvez só alcancemos um resultado positivo se conseguirmos combinar a assistência psíquica ao apoio material, à moda do imperador José." Depois dessa irônica alusão ao imperador, prossegue: "É também muito provável que a aplicação em ampla escala da nossa terapia nos obrigue a misturar em larga medida o ouro puro do analista com o bronze da sugestão direta .... Qualquer que seja a forma que essa psicoterapia irá assumir para o povo, quaisquer que sejam os elementos que a constituirão, é certo que seus componentes mais eficazes e significativos continuarão a ser extraídos de uma psicanálise rigorosa e alheia a qualquer partidarismo."

Muitos estudantes de Budapeste pediram a instituição do ensino de psicanálise na universidade. Após a separação entre Hungria e Áustria e da instauração, em março de 1919, do governo bolchevique de Béla Kun, foi criada uma cátedra de psicanálise entregue a Ferenczi. Naqueles meses, Freud escreveu um breve mas significativo artigo: "Sobre o ensino da psicanálise nas universidades". Sua posição é precisa. A atenção dirige-se em primeiro lugar ao problema da formação do psicanalista e apenas secundariamente à questão do reconhecimento da psicanálise por parte da universidade. "É claro que o psicanalista pode, sem dúvida, dispensar a universidade sem nada perder."

Em 1923, no breve texto *Dr. Sándor Ferenczi* (em seu 50º aniversário), Freud repassa o sonho, surgido no tempo do Congresso de Budapeste, relativo ao projeto promovido por Ferenczi e pelo mecenas von Freund: "As grandes capacidades desses dois homens fariam de Budapeste a capital da psicanálise européia, se catástrofes políticas e trágicos acontecimentos pessoais não tivessem inexoravelmente aniquilado tais esperanças. Von Freund adoeceu e morreu em janeiro de 1920; em outubro de 1919, considerando o isolamento da Hungria do resto do mundo, Ferenczi renunciara a seu posto, passando a presidência da Associação Internacional para Ernst Jones, que residia em Londres. Durante o período da República Soviética Húngara, Ferenczi foi investido das funções de docente universitário e suas aulas eram concorridíssimas. De todo modo, a Sociedade local, que ele fundara em 1913, sobreviveu a todas as tempestades e sob sua direção tornou-se um centro de trabalho ardente e fecundo, distinguindo-se pelas muitas esplêndidas inteligências que lá se reuniram mais do que em qualquer outra Sociedade."

Budapeste – assim como Zurique, em seu tempo – é a cidade na qual a psicanálise começa a entrar plenamente, aos olhos do Estado e das instituições, no rol das ciências. No pensamento de Freud, contudo, não se encontra nenhuma exigência ou necessidade de reconhecimento institucional. Justamente quando distingue o "ouro puro" da análise do "bronze da sugestão", ele se mostra convencido de que a psicanálise deve antes *se fazer reconhecer por si mesma*: pela diferença intelectual em relação a outros discursos, pelo estilo que a formação do psicanalista confere, pela ética à qual sua prática está ligada. Serão os outros a perceber que estão diante do psicanalista, a reconhecê-lo em sua função e em sua ação. A única reconhecibilidade é esta.

Abrindo um parêntese, caímos na chamada atualidade. Na Itália, nestes últimos anos, graças também à Lei Ossicini, o tema do reconhecimento, mais que qualquer outro, parece ocupar e preocupar os psicanalistas. A tal ponto que as apreensões profissionais e as modalidades corporativas e burocráticas prevalecem sobre uma elaboração teórica e jurídica da questão. Tem-se a impressão de que a noção de reconhecimento, que tem sua nobreza jurídica, é assimilada à idéia de reconhecença, isto é, à admissão implícita de um débito moral. Como pode o psicanalista – aquele que repercorre, reescreve, reinventa a aventura freudiana – admitir que seu próprio estatuto seja subordinado a um débito? Está em jogo o estatuto laico da psicanálise, estatuto que Freud nunca deixará de defender; "... os componentes mais eficazes e significativos continuarão a ser extraídos de uma psicanálise rigorosa e alheia a qualquer partidarismo". A questão laica proposta por Freud – que não se resolve no avaliar se o psicanalista deve ou não ser médico – evidencia que, se a psicanálise fosse submetida a um débito (moral, institucional, profissional), logo perderiam força todas as outras instâncias exploradas, teorizadas, instituídas pela invenção freudiana. Quase tudo se esvairia e em definitivo a própria psicanálise.

O século XX foi obrigado, de início, a reconhecer a importância de Freud, depois exaltou-o como um dos pioneiros da modernidade e, por fim, fez leituras de seus textos para uso e consumo das mais variadas ideologias. O século XX, "reconhecendo" a psicanálise, fez com que se perdesse sua "reconhecibilidade": a golpes de novos psicofármacos e neurociências ou em nome de atualizações genéricas ou revisões de época. Desenvolver estes acenos significaria reescrever a história da psicanálise italiana e européia dos últimos cinqüenta anos.

Reconhecimento, reconhecibilidade, reconhecença. O psicanalista de hoje que diga por quem quer ser reconhecido: assim terá que declarar em que espelho pretende fundar o próprio estatuto e a que reconhecibilidade se entrega. Está em jogo aqui, entre outras coisas, a distinção jurídica entre *auctoritas* e *potestas*. Trata-se de autorizar-se (*auctoritas*) ou de ser autorizado por alguém (*potestas*)? E ainda: o psicanalista vai se submeter à laicidade ou entregar-se às burocracias? Tentará repercorrer a aventura freudiana ou vai preferir uma escolástica *prêt-à-porter*? O gesto de Freud optou desde sempre pela primeira hipótese.

Haia, 1920

O INTERNACIONALISMO

Viena escolher Haia. Em setembro de 1920 desenrola-se o primeiro Congresso Internacional depois da guerra. Apesar da grave situação de desconforto e privação que grassa na Europa, o sucesso é considerável. Participam quinze sócios ingleses, onze alemães, dezesseis holandeses, dois americanos, sete suíços e sessenta e dois membros provenientes da Áustria, Hungria e da Polônia.

Nos anos seguintes à guerra, a psicanálise assume cada vez mais um alcance internacional. Em 1920, Eitingon avia em Berlim o funcionamento de uma clínica psicanalítica. Em Budapeste, Ferenczi relança a Sociedade Húngara para a Psicanálise que fundara em 1913. Na Suíça surge, em 1919, a Sociedade Psicanalítica Suíça, presidida por Binswanger e Pfister. Pouco depois, chegariam pedidos de inscrição à Associação Internacional provenientes de grupos formados em Calcutá e em Moscou. Em 1919, Jones modula com novos critérios a Sociedade Psicanalítica Britânica.

Dos Estados Unidos, Brill informa a Freud: "Muitos dos nossos antigos opositores nos são agora, em igual medida, favoráveis .... . Faz-se a paródia de nossas idéias nos teatros e na imprensa; os charlatões, constituídos por velhas senhoras psicopatas e literatos frustrados, amealham boas somas em dinheiro oferecendo tratamentos ditos psicanalíticos." Enquanto nos Estados Unidos começam a circular as clássicas piadas sobre a psicanálise, para a maioria dos psiquiatras o novo horizonte aberto por Freud "era um motivo para rotular-nos com chistes de salão e conversações brilhantes". À carta de Jones que informa sobre algumas dissidências entre psicanalistas americanos, Freud responde: "Se a América está se convertendo ao junguismo, como pretende, terá o que merece. Dêem-me alguns milhões a mais (mesmo de coroas!) e não terei medo de mais nenhum adversário."

Justamente nos anos em que se difunde um vivo interesse pela psicanálise, Freud não se lança em busca de nenhum reconhecimento oficial. Sequer se coloca o problema de fazer alguma modificação teórica para tornar a psicanálise mais "popular". "A popularidade me é totalmente indiferente, muito pelo contrário, pode até representar um obstáculo para empresas mais importantes." E as "empresas mais importantes" não se fazem esperar: estamos nos momentos decisivos dos anos 1920. Freud escreverá em poucos anos textos de grande relevância: além do ensaio *Mais-além do princípio de prazer*, que fornece a primeira teorização sobre a pulsão de morte, seguem-se, em 1921, *Psicologia das massas e análise do Eu* e no ano seguinte, *O Eu e o Isso*, no qual expõe de modo sistemático a sua nova metapsicologia, a chamada segunda tópica.

Haia marca o tempo do internacionalismo. "A psicanálise foi, desde o ínicio, internacional", afirmara Freud vários anos antes. Contudo, somente agora o internacionalismo transforma-se na condição que permite ao pensamento freudiano "empresas mais importantes". Questão de fôlego, de horizontes, de confrontos diversos. Se desde o início estava *alhures* o demônio que impulsionava Freud a abrir um caminho diferente no saber do século XX, o aportar não pode coincidir com uma barreira ou com um limite. E ele não se acomoda em um reconhecimento que lhe garanta sucesso. Prefere situar-se no ponto indizível no qual as fronteiras se cruzam. Provavelmente o internacionalismo é a figura irrenunciável desse alhures.

Em uma carta a Groddeck de 1924, escreve que "é difícil exercer a psicanálise isoladamente: trata-se de uma empresa especialmente coletiva". Observação, esta última, que faz pensar na psicanálise como uma cidade sem centro, sem periferia, sem fortificações. Não precisa ser pensada como cidade utópica, isto é, não nasce de um sonho de harmonia e de perfeição, mas da idéia de um laboratório científico. É uma cidade aberta, habitada por um trabalho intelectual, de pesquisa, de troca, de confronto. "Se a psicanálise até agora não deu relevância a certas coisas", escreve na Introdução a *O Eu e o Isso*, "isso não aconteceu por negligência ou porque se pretendeu desconhecer sua importância, mas porque ela seguiu um caminho próprio que ainda não chegara àquele ponto." São palavras que ampliam o horizonte da pesquisa psicanalítica. Conjugam a empresa ao impessoal. Testemunham a originalidade de um percurso efetuado. Sublinham a instância ética do trabalho intelectual. São palavras dirigidas ao destino que ainda espera a psicanálise.

sexto capítulo

A CIDADE ÚLTIMA

"A causa do inconsciente – e vejam bem que o termo causa deve ser tomado aqui em sua ambigüidade, causa a sustentar, mas também função da causa no nível do inconsciente – deve ser concebida fundamentalmente como uma causa perdida. É a única possibilidade que se tem de vencê-la".

JACQUES LACAN, 1973

"Artista é apenas aquele que sabe fazer da solução um enigma", escreve Karl Kraus. O último trecho do itinerário freudiano poderia ter esta epígrafe. De fato, as questões teóricas encontradas, ainda que abordadas para efeito de verdade, permanecem abertas para Freud, disponíveis para a reelaboração. Temos até a impressão de que o esforço de seu pensamento aponta diretamente, mais que para uma simplificação, para a evidenciação dos aspectos mais enigmáticos, menos demonstráveis, mais improváveis. Os textos escritos nos anos 1930 referem-se a uma sutil consideração sugerida pelo próprio Freud: "As asserções da psicanálise são baseadas em uma quantidade enorme de observações e experiências, e somente quem repetir consigo mesmo e com outros estas observações estará em condições de chegar a um juízo sobre a questão."

A viagem de Freud aventura-se nos anos 1920. É a reviravolta decisiva, rica daquelas implicações teóricas, metapsicológicas, clínicas que desenham o campo da existência da psicanálise. Passaremos em revista apenas aquelas cidades que mais destacam alguns emblemas. Não são, como se costuma dizer, as cidades da velhice e não coincidem com o andamento descendente de uma parábola. São, ao contrário, as cidades em que

Freud demonstra ter ainda muito a dizer, a caracterizar, a teorizar. E também a fantasiar.

Uma vez traçado o perímetro da cidadela psicanalítica, Freud não se mostra plenamente satisfeito. Dedica-se com grande alento a reforçar seu estatuto científico. Considera-o uma tarefa imprescindível e para cumpri-la segue um caminho aparentemente distante da ciência –, o da ética. Isso acontece, por exemplo, em Innsbruck: aqui Freud sustenta, aguerridamente, a laicidade da psicanálise. Considera que essa é uma batalha decisiva para o destino da "jovem ciência". Depois o vemos às voltas com os grandes temas da cultura (*Kultur*): a origem da religião, o funcionamento da ilusão e da crença, as instâncias da cultura e da arte. Por exemplo em Frankfurt, onde reevoca seu amor por Goethe.

Essa extrema liberdade e essa ausência de débitos são acompanhadas por um prazer. É o prazer de construir. O termo em alemão é *Konstruktion*, assim como é utilizado no ensaio de 1937, *Construções em análise*. Mario Lavagetto observa que Freud utiliza esse termo "todas as vezes em que o sujeito é o analista". Nos outros casos, quando, por exemplo, fala da neurose como de "um edifício erguido com materiais de origens diversas e ao qual se tentou conferir solidez e coerência", usa termos diferentes: *Bau* (fábrica), *Vorbau* (fabricação da fachada), *Aufbau* (sobrelevação, ereção), *Bildung* (formação), *Fabrikation* (fabricação, lavoração), *Herstellung* (restauração, reparação). Enquanto *Bau* designa geralmente a construção de uma casa ou de uma estrada, o termo *Konstruktion* assume esfumaturas particulares: é a construção em sentido lógico, geométrico, gramatical, gráfico. A construção da cidade psicanalítica, obra do analista, tem, portanto, uma acepção forte, específica, bem distinta da idéia de restauração, de reparação, de reconstrução, de correção, de acomodamento.

Logo a experiência psicanalítica não é uma restauração, uma reparação de algo que não funciona. "Mantive-me sempre no andar térreo e no subterrâneo do edifício", afirma enigmaticamente Freud, em 1936, dirigindo-se a Binswanger. Declarando que a psicanálise não é adequada para sustentar uma concepção antropológica, prossegue: "O senhor afirma que, mudando-se o ponto de vista, é possível ver também um plano superior, no qual habitam hóspedes tão distintos como a religião, a arte e outros ainda ... . Nisso o senhor é conservador e eu, revolucionário. Se ainda tivesse uma vida de trabalho diante de mim, ousaria indicar aos 'ilustríssimos' um lugarzinho na minha baixa casinha."

Chega o tempo em que as coisas se condensam, assumem um outro relevo, encontram uma dobra diferente, afrontam-se ao longo de uma perspectiva inesperada. O câncer na boca dignosticado em 1923 é, com certeza, um evento imprevisto. O próprio Freud considera que lhe sobram agora pouquíssimos anos de vida. Contudo, justamente a idéia de uma morte iminente imprime ao pensamento freudiano um novo impulso: a doença antecipa um momento para concluir, faz com que ele se ocupe do essencial. E efetivamente Freud percebe a urgência de abordar novos temas e de dedicar-se a setores do saber que permaneciam, em sua reflexão, no pano de fundo.

No itinerário de seus últimos quinze anos a doença não é estranha. A esse respeito são iluminadoras algumas linhas que resumem seu pensamento e encerram o sentido de uma realização. Trata-se do Pósfácio de 1935 a *Um estudo autobiográfico* (1925): "... eu mesmo me dou conta de uma diferença em relação ao passado. Alguns fios que no desenvolvimento das minhas obras estavam estreitamente enredados começaram a se separar, interesses nascidos em um segundo tempo retornaram para o fundo, enquanto outros, mais antigos, voltaram a prevalecer ... . Todavia, parece-me justo admitir que depois da formulação da minha teoria dualística das pulsões e depois da decomposição da personalidade psíquica em *Eu, Isso e Supereu*, não dei à psicanálise mais nenhuma contribuição de importância decisiva. As coisas que escrevi em seguida poderiam mesmo não ter sido escritas sem maiores danos; de todo modo se não as tivesse escrito, em pouco tempo alguém o faria em meu lugar." E prossegue admitindo algo tão importante quanto ignorado: "Depois de uma diversão que durou uma vida e que passou através das ciências naturais, da medicina e da psicoterapia, meus interesses voltaram àqueles problemas culturais que tanto me fascinaram quando era um jovenzinho imberbe, recém-chegado ao mundo do pensamento."

Vamos repetir: Freud afirma, em 1935, que "as ciências naturais, a medicina e a psicoterapia" foram para ele uma "diversão". E acrescenta: "Dois ensaios que escrevi sucessivamente, *O futuro de uma ilusão* (1927) e *O mal-estar na cultura* (1929), deram seqüência a esta direção de pensamento ... . Estes estudos, que mesmo tendo como ponto de partida a psicanálise ultrapassam amplamente as suas fronteiras, encontraram no público uma ressonância talvez maior que a própria psicanálise." Por fim: "O público não me foi, contudo, muito reconhecido e, considerada a minha experiência, não aconselharia ninguém a imitar-me."

Sua sensibilidade intelectual é atraída agora pelos temas da civilização, do social, da religião e da cultura, explorados por Freud como formações do inconsciente. A partir desse momento, o itinerário freudiano, sem mais "diversões", sofre um efeito retroativo: como se retornar ao início das coisas permitisse reconsiderar, ao revés, aquilo que ele teve que deixar de lado. Se o seu método tomou como ponto de partida os pressupostos positivistas foi porque o positivismo constituía naqueles anos a resposta mais "moderna" ao idealismo e ao espiritualismo da época. De todo modo, as ciências naturais ou a medicina representavam campos nos quais a pesquisa, naquele tempo, dava enormes passos.

Com os anos 1930, a empresa de Freud, percorrendo os tempos, defronta-se com o problema da complexidade: as mitologias da certeza, da completude, do esgotamento vacilam. O pensamento freudiano é extraordinariamente moderno ao intuir que a cientificidade da psicanálise só é formulável por meio de um programa de pesquisa. "Um dia os epistemologistas remexerão as lixeiras", escreve Michel Serres em *Passagem para Noroeste.* Um dia, os cientistas, cansados de um terreno que se tornou asséptico, onde nada mais há para crescer, partirão em busca de uma fecundidade nova naquelas mesmas terras que hoje desprezam. Até os mexericos das comadres, até aquilo que eles hoje chamam de tagarelice, literatura, imaginação. Nós somos nós, literatos e filósofos, percebidos cada vez mais como resíduos do saber. De fato, somos a reserva do saber. Sim, a fecundidade da ciência por vir."

Semmering, 1924

O OCASO E O FOGO

Retornemos àquele distante julho de 1885. Às dez da noite, Freud escreve uma carta para a noiva. "Tudo correu muito bem, tempo magnífico, manteiga ótima, o mel também é bom, tudo se apresenta da maneira mais esplêndida. Foi também um divertimento para mim, embora a princípio pensasse que sem ti todo divertimento é sofrimento. Fizemos a estrada de Klamm às Adlitzgräben e depois até Semmering. Nas Adlitzgräben encontramos uma pousada graciosíssima com uma minúscula e simpática empregada e o intelecto prático de Dolfi propôs que pernoitássemos. Eu quis ir até o 'Arquiduque João', na fronteira com a Estíria."

Exatamente quarenta anos depois, em agosto de 1924, Freud está mais uma vez de férias em Semmering, na Villa Schüler. Um ano antes, seu médico descobrira em sua boca um tumor, logo extraído. Alguns meses depois teve que se submeter a uma nova intervenção, também para implantar uma prótese que logo se transformaria em causa de sofrimentos, incômodos e dificuldades, como a de falar. "Escrevo-lhe", afirma dirigindo-se a Salomé, "no estado de profundo bem-estar de um desmesurado ócio, misturado às sensações desagradáveis da pequena guerra que travo com um pedaço rebelde de minha prótese. Refletindo sobre as interessantes, mas nem sempre aceitáveis, observações que fez sobre o vínculo entre o homem e sua relação com o próprio corpo, pergunto-me como conceber o vínculo análogo com um dispositivo que tenta ser como o Eu e que nem por isso pode sê-lo; um problema que se apresenta no caso dos óculos, da dentadura e da peruca, mas não de modo tão oportuno no caso de uma prótese óssea." E conclui: "Atualmente, diante dos dez meses de liberdade de qualquer recidiva, estou surpreso com o modo como consigo sobreviver, não sem a suspeita de que a 'natureza' tende de bom grado a adular-nos com falsas seguranças antes de desferir o golpe de misericórdia... ." Eis, mais uma vez em ação, essa estranha ironia de Freud, que com certeza sabe muito bem que o "golpe de misericórdia" é desferido pelo psíquico.

Em maio de 1927, em outra carta a Salomé, Freud fala de seus 71 anos: "Sobreveio em mim o mau-humor da velhice, a total desilusão, comparável à rigidez de uma paisagem lunar, o gelo interior. Talvez, porém, o fogo central ainda não se tenha extinguido, o enrijecimento atinge apenas as camadas periféricas e ainda pode haver tempo, talvez mais adiante, para uma erupção." É realmente insólito o modo como se encadeiam essas reflexões. Primeiro afirma que a velhice é um "gelo interior", depois que o "fogo central ainda não se tenha extinguido" e, enfim, que "ainda pode haver tempo para uma erupção". Dez anos vão se passar antes que Freud se decida a escrever o terceiro ensaio de *Moisés e o monoteísmo* que, pelas teses propostas, pode ser comparado àquela erupção misteriosamente mencionada na carta.

Em 1931, a propósito desse "fogo central" ainda não extinto – é um fogo pulsional! – escrevera *A aquisição e o controle do fogo*, breve texto em que tenta interpretar a empresa de Prometeu e o mito da Fênix "que renasce cada vez mais jovem de sua morte de fogo". As interrogações que Freud tenta responder são muitas: "Por que a aquisição do fogo deve ser inseparavelmente ligada à representação de uma impiedade?". E ainda: "Por que uma semelhante proeza do ponto de vista da civilização foi tratada pela lenda na mesma medida que um um crime suscetível de pena?".

Inventando a psicanálise, Freud teria medo de suscitar a ira dos deuses?

Como em outras fases do itinerário, Semmering é aquele lugar para onde Freud se retira afim de avaliar a situação, quase para fazer um balanço. Trata-se daquele ponto em que o explorador se detém para observar o panorama abaixo de si. Este último, no entanto, como um espelho, reflete também o olhar do explorador: ele é visto do lado do percurso feito. Muitas vezes, para Freud, é uma localidade montana que suscita tais pensamentos. Outras vezes, as cenas a partir das quais ele pensa seu horizonte e sua direção foram Manchester, Bellevue, as cataratas do Niágara, os montes Tatras. Sempre imagens abertas, altas, leves, intensas.

Freud está com mais de 70 anos. De Semmering, escruta o horizonte. Desse ponto de abstração fala do "gelo interior" da velhice e de um "fogo central ainda não extinto". Por que esse oxímoro? Por que esta aproximação de duas coisas contrárias como o gelo e o fogo? Em 1910, ele escrevera um breve ensaio intitulado *A significação antiética das palavras primitivas,* no qual, tomando como ponto de partida um trabalho do filólogo Karl Abel, demora-se na "singular tendência do trabalho onírico a prescindir da negação e a exprimir através do mesmo meio representativo um elemento contrário". "Nos extratos profundos da atividade psíquica, os opostos não são distintos", escrevera em 1923, quase para sublinhar que no inconsciente o cumprimento e o começo coincidem, que o aportar é ao mesmo tempo um ponto de chegada e de partida.

Então por que, pensando na própria velhice, Freud fala de gelo e de fogo? Talvez esse oxímoro seja a figura retórica com que ele percebe, desde o momento em que seu itinerário aportou na cidade da psicanálise, que seria preciso partir de novo para outras aventuras. Sua cidade não é propriamente fundada de uma vez por todas, não se apóia, como exigia Moritz Schlick das ciências positivas, sobre uma "rocha que existe antes de qualquer construção e que não vacila". "O discurso sobre o fundamento", escreve Hans Blumenberg no livro *A ânsia se espelha no fundo*, "é saturado de imaginação, a qual ama passar pela compreensão do ser antecipada na linguagem."

Freud aporta, portanto, na cidade da psicanálise, constrói seu mapa e alguns edifícios centrais, mas não afirma nunca que deu um fundamento definitivo à sua ciência: alguns dirão que ele construiu sobre um pântano, outros que deixou inacabada a sua obra, outros ainda que a sua não é uma construção científica. Quase todos deixam de precisar a que acepção de ciência se referem.

Innsbruck, 1927

LEIGO É O INCONSCIENTE

Em 1925, Theodor Reik, membro da Sociedade Psicanalítica de Viena, é acusado de "exercício abusivo da profissão médica". Freud intervém junto a um juiz governamental para tentar explicar que o psicanalista não tem necessariamente que ser médico. Têm início acirradas disputas legais. Nesse ínterim, é intimado a suspender a prática analítica. Ele recorre contra a intimação. Na primavera do ano seguinte, é citado novamente por charlatanismo por um paciente norte-americano, Newton Murphy. O processo contra Reik é arquivado em seguida graças à fragilidade da acusação. O *New York Times* de 24 de maio de 1927 resume da seguinte forma o resultado do processo: "Americano perde a causa contra Freud. O descobridor da psicanálise afirma que pode ser vantajoso prescindir da ciência médica."

Esta é a primeira vez em que a psicanálise vai ao tribunal. No caso específico, a acusação tem como objeto o "charlatanismo", entendido como exercício abusivo da profissão médica. O que era uma mal-entendido – a prática analítica considerada como atividade médica – degenera em questão jurídica. Entre os psicanalistas, e não apenas vienenses, surge um debate que, contudo, não ganha o tom e a dignidade desejados por Freud. "Não peço que os membros adotem meus pontos de vista, mas vou sustentá-los em particular, em público e diante dos tribunais", escreve Freud a Paul Federn. E, entrevendo uma ameaça para o destino da psicanálise, acrescenta: "Mais dia, menos dia, será necessário travar essa batalha pela análise leiga. Melhor agora que mais tarde. Enquanto viver, tentarei impedir que a psicanálise seja engolida pela medicina."

Freud decide precisar os termos da questão escrevendo no verão de 1926 *A questão da análise leiga.* O título original em alemão é *Laienanalyse*, traduzível antes por "análise leiga". Colocam-se imediatamente diversas questões. A tradução de *Laienanalyse* por "análise conduzida por não-médicos"* mostra-se desviante porque se limita à contraposição entre médicos e não-médicos. Se é verdade que, para Freud, tratava-se de tomar posição a respeito de uma situação contingente, efetivamente o aspecto médico ou não da psicanálise não é de fato a questão essencial. A opção de Freud pelo termo "leigo" – atributo antes de tudo ético, mais que ideológico ou profissional – indica uma peculiaridade intelectual e não coincide com a definição de uma categoria profissional. Freud declara, por exemplo, que "na psicanálise existiu desde o início um vínculo muito estreito entre terapia e pesquisa". E acrescenta: "Nosso procedimento analítico é o único que conserva zelosamente esta preciosa coincidência ... Tal perspectiva de um ganho científico foi o traço mais eminente e mais animoso do trabalho analítico. Deveríamos sacrificá-lo por algumas considerações de ordem prática?"

"Toda ciência", escreve Freud com ênfases nada positivistas, "é por si só unilateral; e deve sê-lo, pois deve se concentrar em determinados objetos, pontos de vista e métodos. Não tem sentido contrapor uma ciência a outra, e eu evito fazê-lo." Definitivamente, a palavra "leigo" não é usada por Freud como contrário ou negação

* Título da tradução italiana. (N.R.)

em relação a algo que não é leigo. A acepção de laicidade que ele propõe delineia-se no sentido de um estatuto que diz respeito, coextensivamente, à liberdade (paradoxal, mas absoluta) com que funcionam as lógicas do inconsciente. Quando a ocasião se apresenta, ele não deixa de expressar algumas pungentes considerações sobre seus ditos alunos: "Tiveram uma evolução espiritual diversa da minha, sentem-se desconfortáveis no isolamento dos colegas [médicos], gostariam de se sentir legitimados pela *Profession* e estão prontos, em troca dessa tolerância, a ceder em relação a uma questão que não lhes parece de importância vital."

As atualíssimas páginas de *A questão da análise leiga* percorrem diversos temas: a formação do psicanalista, a chamada didática, a prática da psicanálise, sua técnica, o desenvolvimento do tratamento, a diferença entre psicoterapia e análise. E percebe-se o humor quando ele tenta explicar por que é preciso "uma certa finura de ouvido para os processos inconscientes que nem todos possuem em igual medida". Freud o diz em palavras claras: "Charlatão é quem empreende um tratamento sem possuir os conhecimentos e as capacidades necessárias. Com base nessa definição, não hesito em sustentar que os médicos, e isso não apenas na Europa, fornecem à psicanálise um contingente considerável de charlatões." Eis os motivos: "É preciso ter presente que o médico, no curso de seus estudos, adquiriu uma preparação que é quase o oposto daquela de que ele necessitaria para a análise." E ainda: "O uso terapêutico da análise é apenas uma de suas aplicações, e o futuro talvez demonstre que não é a mais importante. De todo modo, seria injusto sacrificar a uma única aplicação todas as outras só porque este campo toca a esfera dos interesses profissionais médicos."

Em seguida, Freud adverte da urgência de retornar a alguns desses argumentos com um Posfácio à *Laienanalyse*, acrescentado em 1927, no qual relata seu testemunho direto: "Após 41 anos de atividade médica, o conhecimento que tenho de mim mesmo me diz que na verdade nunca fui propriamente um médico. Tornei-me médico por ter sido obrigado a afastar-me de meus propósitos originais, e o triunfo da minha existência consiste em ter reencontrado, depois de um desvio tortuoso e longuíssimo, a orientação de meus exórdios."

O Posfácio, que insistia de modo ainda mais incisivo nas teses anteriores, deveria constituir a sua comunicação ao décimo Congresso de Innsbruck, programado para setembro de 1927. Mas ao contrário, em um gesto inopinado mesmo para os membros da sociedade vienense, Freud prepara um texto de poucas páginas, *O humor*, que é lido por sua filha, Anna. Significativo deslocamento: enquanto todos esperam uma tomada de posição ou um esclarecimento definitivo por parte de Freud, ele inesperadamente expõe uma nova teoria sobre o humor. Freud joga a toalha? Evita o debate sobre psicanálise médica ou não-médica? Não toma posição? Quantos psicanalistas (de então e de hoje) chegam a entender que o gesto de Freud podia ser lido como uma interpretação da polêmica em jogo no Congresso de Innsbruck? Ao término dos trabalhos do Congresso, os psicanalistas não chegam a conclusão alguma – nem naquele de Oxford, de 1929, nem nos outros seguintes congressos, embora alguns regulamentos institucionais tenham sucessivamente estabelecido, atendo-se quase a um critério alquímico, uma determinada proporção numérica entre analistas médicos e não-médicos.

Se Freud não toma posição na polêmica de Innsbruck, vejamos então quais são as teses expostas no texto *O humor*, apresentado no Congresso. "A grandiosidade do humor reside no triunfo do narcisismo, na afirmação vitoriosa da invulnerabilidade do eu. O eu não admite se deixar afligir pelas razões da realidade, se deixar constranger ao sofrimento, insiste em pretender que os traumas do mundo externo não podem danificá-lo, demonstra, aliás, que estes traumas nada são senão ocasiões para obter prazer. Este último elemento é absolutamente essencial para o humor." Cabe observar que Freud escreve este ensaio sobre o humor, que precede em dois anos *O mal-estar na cultura,* nos mesmos meses em que está concluindo a redação de *O futuro de uma ilusão.*

A elaboração sobre o humor faz parte das reviravoltas teóricas anunciadas com a segunda tópica. Se agora o campo da pesquisa freudiana amplia-se sempre mais para o âmbito da sociedade, para o funcionamento das ilusões, para o mal-estar na cultura, significa que a parca elaboração sobre o humor exposta em *Os chistes*, de 1905, não é mais suficiente. O núcleo do comportamento humorístico, escreve em 1927, "consiste no fato de que a pessoa do humorista deslocou o acento psíquico de seu Eu, transferindo-o para o seu Supereu". A nova teoria sobre o humor baseada na função do Supereu comporta, portanto, um "deslocamento de ênfase", logo um trabalho de abstração, uma "arte do retirar", como diziam os artistas renascentistas. "Se o Supereu visa a consolar o Eu através do humor e defendê-lo do sofrimento, ao fazê-lo não contradiz de fato a sua proveniência da instância parental." Definitivamente, através dessa "instância parental" reaflora o tema do pai do qual Freud destaca agora um aspecto que estava ausente em 1905: se o pai é imortal, também o filho é imortal.

Passemos rapidamente algumas etapas desse desenvolvimento relativo ao tema do pai. Os elementos essenciais podem ser vistos desde *Totem e tabu* (1913), no qual o pai da horda (*Urvater*), morto pelos filhos, torna-se imortal por meio da idealização. No ano seguinte, em *O Moisés de Michelangelo*, a atenção é dirigida ao sentimento de culpa, à ameaçadora expressão da estátua de Moisés percebida com inquietação. Não é por acaso que Freud não ousa, durante dez anos, assinar este ensaio. No texto de 1919, *Bate-se numa criança*, explora a fantasia que ao mesmo tempo une e divide os irmãos: é o tema da rivalidade. A luta para se fazer amar pelo pai surge como um indício de uma fantasia de eleição. Sua contrapartida implica assumir uma posição que é sacrificial diante do pai, mas de privilégio em relação aos irmãos.

Qual é a reviravolta introduzida no ensaio *O humor*? Nesse texto, só se fala do pai como Supereu – instância que, pela primeira vez, não representa mais uma função negativa ou restritiva da lei. O aspecto normativo da lei perde qualquer severidade, não pressupõe mais um aspecto sacrificial ou punitivo, heróico ou transgressivo. A função do Supereu é, ao contrário, caracterizada pela eventualidade de uma aliança e de uma colaboração com o Eu. Entre lei e desejo não há mais contraposição ou laceração; o imperativo da lei não exclui mais o optativo do desejo. O Eu está com o Supereu: *o filho está com o pai.*

Temos a impressão de que, para admitir ou distinguir esse aspecto "benévolo" do Supereu, Freud teve que cumprir uma difícil travessia da questão hebraica. Não esqueçamos, por exemplo, que na tradição do hebraísmo o messias, figura metafórica ou metonímica do filho, é sempre morto. Por outro lado, é de grande relevância anotar que a elaboração do mito do pai, não mais severo ou terrível, consegue agora situar o estatuto do filho em uma posição lógica próxima daquela que o cristianismo lhe dá. Ainda uma alusão: a estrutura do humor suposta por Freud é distante daquele *humour* que Pirandello, em seu ensaio "O humor" (1908), chama de "nórdico" na medida em que procede da cultura anglicana, luterana ou calvinista.

Innsbruck é a cidade em que Freud, emblematicamente, entrega a sorte da psicanálise ao trabalho e à inteligência do humor. Provavelmente não tinha outra escolha. Prefere não levantar cercas, não lançar anátemas, não entrar na lógica da polêmica. Apela à tolerância, está propenso a sustentar, afirma, uma política do *laissez faire.* À "amargura" – como a chama Jones – de ter sido levado a escrever *A questão da análise leiga* por causa de uma questão jurídica, contrapõe o ensaio *O humor* exposto no Congresso de Innsbruck. A conexão entre os dois textos é, de fato, estreitíssima.

Retornemos a 1905. Freud trabalha na teoria do chiste, na qual insiste no tema da justiça "psíquica" e naquele caminho particular através do qual o chiste impõe justiça ao inconsciente. "Somente o chiste revela o engano de nosso juízo", escrevia Freud. Ou mesmo: "Quem quer que, num momento de desatenção, deixe escapar a verdade fica, de fato, contente (através do chiste) de pôr um ponto final no fingimento." Transcorridos mais de vinte anos, em Innsbruck sua elaboração posterior sobre o humor demora-se essencialmente na instância da lei representada pela função do Supereu. O comportamento humorístico – é bom relembrar – consiste em transferir a "ênfase psíquica" do Eu para o Supereu. Essa pontualização teórica é proposta por Freud em um momento no qual o debate entre psicanalistas estava dominado pela discussão sobre a justiça ou não de uma norma que regulamentasse a prática analítica. Evidentemente, a lei estatal e a lei representada pela instância do Supereu são dois conceitos diferentes, ou pelo menos distantes.

Eis o extraordinário gesto de Freud: enquanto todos esperam que tome posição sobre uma norma jurídica adequada, ele repropõe algumas considerações sobre o Supereu (instância da lei). E parece sugerir: ninguém, seja médico ou não, pode escapar da função do Supereu, de uma instância que provém do inconsciente. Há uma justiça e uma satisfação que referem-se rigorosamente a uma lei psíquica, o Supereu.

Não é indiferente que o estatuto leigo, estabelecido por Freud para a psicanálise e para o psicanalista, tenha como ponto de partida não as considerações ideológicas ou de conveniência (social, institucional, profissional), mas uma elaboração que explora as implicações do direito, da justiça e da lei na vida psíquica. A laicidade da psicanálise não se refere a uma possível escolha, uma adjetivação, uma opção: a psicanálise é leiga, ou não é psicanálise. É a própria noção de inconsciente que exige tal conclusão.

Retornemos por fim ao gesto de propor o tema do humor no Congresso de Innsbruck: "A caçoada gerada pelo humor não é sequer a coisa essencial, tem apenas o valor de um antepasto. A coisa principal é a intenção a que o humor serve ... ." Note-se mais uma vez que, quando Freud desenvolve um tema metapsicológico, volve o olhar para a ética e para aquelas instâncias que autenticam sua presença: "o humor ..." "tem apenas o valor de um antepasto", "a coisa principal é a intenção". Como dizer que a ética é o nervo da ciência.

Frankfurt, 1930

"O QUE HERDASTE DOS PAIS..."

"Ao grande estudioso, ao escritor e ao combatente Sigmund Freud tem sido negado até agora qualquer reconhecimento honorífico oficial, embora o efeito subversivo de sua obra tenha condicionado, mais que aquela de qualquer outro vivente, o espírito da nossa época." Com estas palavras, em 28 de agosto de 1930, a Municipalidade de Frankfurt confere a Freud o Prêmio Goethe. Nos anos precedentes ele fora conferido a Stefan George, ao músico Albert Schweitzer, ao filósofo Leopold Ziegler. A notícia do prêmio lhe é comunicada quando se encontra no campo, em Rebenburg, perto do Grundlsee, naquelas que seriam as últimas férias passadas longe de Viena.

O comentário de Freud é irônico: "Não fui acostumado a honras públicas e por isso encontrei o modo de poder dispensá-las. Não posso negar, todavia, que a concessão do Prêmio Goethe pela cidade de Frankfurt alegrou-me muito. Há nela alguma coisa que aquece de maneira especial a fantasia ... ." Depois de outras considerações, afirma: "Infelizmente não me será possível estar presente à celebração de Frankfurt, sou muito frágil para isso. Mas os participantes não perderão nada, pois minha filha Anna, que certamente é mais agradável de se ver e de se ouvir, lerá algumas frases que tratam da relação de Goethe com a psicanálise e defendem os analistas da acusação de ter violado, ao tentar analisar Goethe, o respeito reverencial devido aos grandes homens ... ."

Depois de ter sido candidato por três vezes ao Nobel, o Prêmio Goethe é o reconhecimento oficial mais importante que ele recebe em vida. Seu *Discurso pronunciado na casa de Goethe em Frankfurt* começa assim: "O trabalho de minha vida teve um único objetivo. Observei os distúrbios menos perceptíveis da função psíquica de homens sãos e doentes, e partindo de tais indícios quis esclarecer – ou se preferirem, adivinhar – como é construído o aparato que serve a essas funções e que forças nele agem, concorde e antiteticamente." E prossegue: "A honra que me tributam ... exorta em certo sentido, a prestar contas, diante dele, dos próprios feitos e coloca a questão do modo como ele se comportaria se seu olhar atento a toda inovação científica tivesse recaído sobre a psicanálise." Por fim: "Penso que Goethe, diferentemente de tantos contemporâneos nossos, não rejeitaria com má vontade a psicanálise. Ele dela se aproximou em várias esferas, reconheceu por intuição direta muitas coisas que em seguida pudemos confirmar, e várias concepções que atraíram para nós críticas e zombarias foram aceitas por ele como coisa óbvia."

Freud termina o discurso evocando as célebres palavras de Mefistófeles: "De qualquer modo, o que sabes de melhor, não podes dizê-lo a teus alunos." A citação remete indiretamente ao complexo problema da transmissão do saber analítico. Ao contrário de outros âmbitos, no caso da psicanálise a noção de saber é absolutamente excêntrica em relação à tradição filosófica e científica ocidental. Também o estatuto de sujeito mostra-se inassimilável a qualquer "eu penso". Significativo que Freud, ao dar voz à sua identificação com o itinerário de Goethe, homem de arte e de ciência, consiga fazer alusão, embora indiretamente, ao tema da transmissão e da formação em psicanálise.

Alguns dias depois da concessão do prêmio, Freud comunica a Ferenczi as suas considerações "políticas" sobre o reconhecimento que lhe fora conferido. Da constatação que ele mesmo não se reconhece no ponto em que gostaríamos de situá-lo provém o seu humor: "As horripilantes notícias dos jornais sobre a minha saúde devem ter chegado a você. Acho-as interessantíssimas, como prova das dificuldades de impor à opinião pública e à gente coisas que não toleram. Isto é, são as reações ao Prêmio Goethe e devem advertir-nos contra a ilusão de que a resistência contra a análise tenha diminuído de modo sensível ... . Em resumo, o Prêmio Goethe vai nos custar caro ... . Entre as felicitações pelo prêmio, as condolências por minha mortal doença e pela morte de minha mãe, os incômodos pela abstinência de fumo, não consigo fazer nada."

Freud é um atento leitor de Goethe. Começou a lê-lo ainda menino, depois estudante, conforme relembra enfaticamente a motivação do prêmio: "Como os primeiríssimos exórdios da pesquisa freudiana da psique remontam a uma conferência que ouviu sobre o ensaio de Goethe 'A natureza', no fim das contas, também o ímpeto mefistofélico promovido pelos métodos de pesquisa de Freud, ímpeto esse que tende a arrancar sem piedade todos os véus, mostra-se inseparavelmente ligado à insaciabilidade faustiana e a um temor reverencial das forças imaginativas e criativas que dormitam no inconsciente."

Os escritos freudianos são, do começo ao fim, constelados por numerosas citações de Goethe. São citações particulares, bizarras, que surgem inesperadamente. Muitas vezes aparecem naqueles momentos do texto em que Freud esbarra em algo de enigmático: trata-se de uma espécie de suspensão que cede lugar a um trecho de Goethe, quase para distinguir nas facetas do enigma uma via poética ou quase para encontrar uma trégua, um andamento diferente. O modo como Freud cita Goethe não é literário; assemelha-se antes a uma pausa, a uma invocação dirigida aos recursos da sabedoria poética. Muitas vezes, não é difícil entrever no eco das palavras de Goethe apresentadas naquela ocasião qual será o movimento seguinte de Freud. A teoria avança também por via poética.

Entre as numerosas citações de Goethe amadas por Freud, consideramos esta, extraída de *Fausto*: "O que herdaste dos pais, reconquista-o se queres possuí-lo realmente." Encontra-se na última página do *Esboço de psicanálise* (1938), um texto que ficou inacabado e cuja redação começou no exílio londrino. Aproximemos o verso de Goethe das palavras de Freud: "Ali onde isso era, devo vir a me tornar" (*wo Ea war, soll Ich werden*). A frase é célebre, conclui a 31ª aula das *Novas conferências introdutórias sobre psicanálise* (1932); constitui o emblema mais luminoso da psicanálise. É como um cristal no qual duas superfícies se conjugam e tornam-se uma só e afiadíssima lâmina de luz. A vírgula que divide a frase intersecciona, divide, separa os dois tempos lógicos do mito, mas também os mantém unidos e os coloca em relação.

Analisemos essa relação. O primeiro tempo do mito, "Ali onde isso era...", aproxima-se da primeira parte do verso de Goethe: "Aquilo que herdaste dos pais...". O segundo tempo do enunciado freudiano, "devo vir a me tornar", possui um sentido muito próximo da segunda parte do verso do poeta: "... reconquista-o se queres possuí-lo realmente". Em ambos os casos, a ênfase é colocada em uma ocorrência relacionada ao devir (Freud) e a um imperativo relativo a uma conquista perene (Goethe). O sentido que emerge daí é o de um destino a ser projetado, escrito, desenvolvido, e cumprido. A condição desse desenvolvimento está colocada, para ambos, no mito da origem: para Freud a realização subjetiva de tal mito exige um trabalho do inconsciente, para Goethe exige a reconquista daquilo que o sujeito "herdou dos pais". No fundo, trata-se de dois modos de enunciar a mesma coisa, ou seja, o tema do parricídio em suas diversas implicações psíquicas.

Esses dois tempos lógicos são como as duas faces do mesmo mito. Podem até ser resumidos, em seus aspectos mais teóricos e clínicos, respectivamente nos dois ensaios de 1937: *Construções em análise* e *Análise terminável e interminável*. São textos basilares, essenciais. O primeiro, referente ao problema da interpretação e da construção na análise, enfatiza o trabalho voltado para discernir "onde isso estiver", isto é, onde alguma coisa da história, do mito e das sucessivas identificações inscreveu-se na realidade psíquica. "O analista deve descobrir ou, para ser mais exato, construir o material esquecido a partir dos traços que dele restaram", escreve Freud. E acrescenta em seguida: "O objeto psíquico é incomparavelmente mais complicado que o material com que o arqueólogo trabalha." Efetivamente, através da interpretação, observa Freud, por vezes "temos a impressão – para dizer como Polônio – de ter pegado uma carpa de verdade exatamente com a isca de falsidade". A interpretação analítica é diversa da interpretação filosófica, semântica ou hermenêutica.

O conteúdo de *Análise terminável e interminável*, ao contrário, refere-se à segunda parte do enunciado freudiano "... devo vir a me tornar". É um texto sobre as lógicas da transformação e do devir, sobre os efeitos analíticos, sobre o funcionamento do recalque e da resistência, sobre o desenvolvimento da transferência. E também sobre as "resistências contra a cura", os "mecanismos de defesa", aquelas "manifestações residuais" que, no proceder de uma análise, comportam "um parcial ficar para trás".

Frankfurt é a cidade em que Freud, em nome de uma intensa afinidade e estima, encontra-se emblematicamente, ainda uma vez, com Goethe. Em um sonho, trinta e cinco anos antes, encontrara-se com ele no Lido de Veneza. Perambulando pela praia desejou encontrar, ele também, um "crânio de ovelha" que, como aconteceu com Goethe, lhe permitisse provar para a ciência oficial o alcance de sua descoberta. Em Frankfurt, contudo, Freud já fundara a cidade da psicanálise.

"Ali onde isso era, devo vir a me tornar." Esta frase, que inicialmente aproximamos do verso de Goethe, no texto freudiano é seguida por uma fulminante precisão: "*Es ist Kulturarbeit*", a traduzir como: "é um trabalho de cultura" ou então "é uma obra de cultura". Curioso que tenha sido esquecida. E, no entanto, é decisiva: sublinha que o trabalho (ou a obra) de cultura implicado na experiência analítica não diz respeito simplesmente a um benefício "pessoal", uma cura ou, pior, a uma normalização. Freud mira muito mais alto, na direção da cultura. Exprime uma intenção ética que é o oposto de qualquer forma de individualismo. "O uso terapêutico da análise é apenas uma de suas aplicações e o futuro demonstrará, talvez, que não é a mais importante." E, aludindo às outras abordagens da análise além do seu efeito terapêutico, afirma: "Ao lado dos neuróticos que precisam da análise, haverá uma segunda categoria de pessoas que a empreenderão por motivos intelectuais, contentes por poder aumentar desse modo as suas capacidades de trabalho." A experiência e os efeitos analíticos seriam reconsiderados sob quatro aspectos: a saúde psíquica, a terapia, a formação, a abordagem. Não se trata de prioridades ou gradualidades, mas de planos que se entrecruzam e se aproximam. Provocativamente excluímos "cura" e "normalidade".

A psicanálise como "trabalho de cultura": a sua obra pressupõe uma transformação da cultura (*Kultur*), não pode ser reduzida à psicoterapia, à fármaco contra o inconsciente, à "crítica da ideologia" (como aquela que, entre os anos 1950 e 1960, difundiu-se através da chamada escola de Frankfurt). Freud é ferozmente contra qualquer redução da psicanálise: "Não creio que nossos sucessivos terapeutas possam competir com os de Lourdes; as pessoas que crêem em milagres da Virgem Santa são muito mais numerosas que aquelas que acreditam na existência do inconsciente."

Estrasburgo, 1938

A FRONTEIRA E A PONTE

Em maio de 1933, diante do teatro da Ópera de Berlim, centenas de livros foram jogados ao fogo. São de Einstein, Mann, Freud e tantos outros intelectuais, quase todos judeus. Freud comenta de Viena: "a bem dizer, ardo em ótima companhia". Entre seus livros, um em particular é banido de todo o território do Terceiro Reich: trata-se de *Por que a guerra?*, texto de 1932 que reúne a carta de

Einstein e a resposta de Freud. O assunto é justamente o tema da guerra e da barbárie: "Seria preciso dedicar maior atenção", afirma Freud a certa altura, "à educação de uma categoria de pessoas elevadas, dotadas de independência de pensamento, inacessíveis às intimidações e cultoras da verdade ... ." Sobre a reviravolta provocada pela ascensão de Hitler ao poder naqueles anos, Freud comenta que "o mundo está se transformando numa imensa prisão e a Alemanha é a cela principal".

Em 6 de maio de 1936 Freud completa 80 anos. Entre as homenagens pelo aniversário, há uma mensagem escrita por Stefan Zweig e Thomas Mann e assinada por cento e noventa e um artistas, cientistas, intelectuais, entre os quais Romain Rolland, H.G. Wells, Virginia Woolf. A honraria mais apreciada é, no entanto, a nomeação para Membro Correspondente da Royal Society of Medicine britânica. O colégio dos docentes do Instituto de Psicologia da Universidade de Viena envia um grande ramo de primaveras amarelas. "Até os colegas vienenses", escreve a Zweig, "renderam-me honras, mas fizeram-me perceber com todo tipo de sinais que o faziam com bastante má vontade." Também o Ministro da Instrução manda uma mensagem de congratulações. Mas os jornais são intimados, sob ameaça de censura, a não noticiar o fato.

Chegamos a 1938. "Finis Austriae", anota Freud em seu diário, no dia 11 de março. Os eventos se precipitam. No dia seguinte, Hitler institui o governo fantoche para "anexar" a Áustria ao Reich germânico. No diário de Freud, dia 13 de março: "*Anschluss an Deutschland*". Na segunda-feira seguinte: "*Hitler in Wien*". E três dias depois: "*Kontrolle in Verlag und Haus*", inspeção na editora e em casa. O anti-semitismo, já oficialmente conclamado, não perde tempo enquanto os tanques ressoam pelas ruas de Viena. "O último de meus pacientes despediu-se de mim. A pena dessa despedida ainda me oprime; assim, não posso trabalhar e não faço absolutamente nada."

Naqueles dias, Ernest Jones está se mobilizando, com amigos e conhecidos, para encontrar as vias e os procedimentos que permitam que Freud e sua família possam se refugiar na Inglaterra. Nos Estados Unidos a intervenção do presidente Roosevelt, junto com o interesse de Cordell Hull, secretário de Estado, e do embaixador William Bullit – um amigo com quem Freud colaborara em 1930, em um trabalho biográfico sobre o presidente Thomas Woodrow Wilson – garantem uma influente proteção. Na Inglaterra, Jones abre caminho para que seja concedida a expatriação. Nesse ínterim, a casa de Freud é mais uma vez revistada, o dinheiro e os passaportes, confiscados. Sua filha Anna é levada pela Gestapo e interrogada por um dia inteiro. O filho Martin é preso.

Num primeiro momento, Freud não demonstra nenhum interesse pela idéia de deixar Viena. Jones tenta persuadi-lo. "Nunca abandonei o navio, senhor: foi ele que me abandonou", afirma Freud. Depois de alguns dias: "A vantagem que a transferência trará para Anna vale todos os pequenos sacrifícios. Para nós, velhos (73, 77, 82 anos) a transferência não teria nenhum sentido." Em meados de abril parece que resta apenas um obstáculo para a expatriação. "A partida de Freud é temporariamente bloqueada pelo problema da liquidação de sua editora, porque a permissão para deixar o país depende da resolução dessa última dificuldade. A princesa da Grécia (Marie Bonaparte) se interessa ativamente. É muito provável que acerte as coisas adquirindo os direitos editoriais." Um oficial da Gestapo encarregado da questão declara que a partida de Freud está adiada até que seja saldado um débito de cerca de 32.000 xelins atribuído à editora.

Enquanto Freud, ainda por uma semana, espera os vistos de expatriação, escreve: "Comparo-me às vezes ao Velho Jacó, que seus filhos, quando já era velho, levaram para o Egito, como Mann irá contar em seu novo romance. Esperemos que depois, como então, não ocorra um outro êxodo do Egito." Finalmente, chegam todos os documentos necessários. A Gestapo vai à casa de Freud para fazê-lo assinar um documento comprovando que não sofreu nenhum dano. Ele assina e acrescenta a mão: "Posso recomendar vivamente a Gestapo a qualquer pessoa."

Em 3 de junho, cerca de três meses depois da "anexação", a família Freud embarca no Expresso Oriente para Paris. Às três da manhã o trem chega a Kehl, na periferia de Estrasburgo, fronteira entre a Alemanha e a França. Passa através das gigantescas arcadas de ferro da ponte. "Depois da ponte sobre o Reno", escreve Freud, "estávamos livres." Chegam de manhã a Paris, onde são hospedados por Marie Bonaparte. No dia seguinte, finalmente, a partida para a Inglaterra.

"Durante a viagem noturna de Paris a Londres, Freud teve um sonho no qual aportava em Pevensey", conta Jones. "Quando contou ao filho, teve que explicar que Pevensey era o lugar onde Guilherme, o Conquistador desembarcara, em 1066." Surpreendente como o inconsciente de Freud – ou melhor, sua formação – transforma o tema do exílio em termos de uma fantasia de conquista.

Estrasburgo, mais que uma cidade, é a imagem de uma ponte: emblema não do que é deixado para trás ao atravessá-la, mas do que se vai encontrar ao aportar na outra margem. A condição subjetiva não é tanto a de desterrado, prófugo ou exilado quanto a de quem não precisa residir numa cidade porque já mora há muito tempo em outra cena. "Disseram-me várias vezes que não sou alemão. E estou contente por não precisar mais sê-lo." Aquela ponte que separa a Alemanha da França constitui o símbolo de um começo voltado para outras empresas teóricas: a redação do *Esboço* e o terceiro ensaio do *Moisés e o monoteísmo*, que Freud considera sua obra mais audaciosa.

Não são os habituais "brancos rochedos" de Dover que esperam por Freud, aos 82 anos e doente, mas o sonho no qual ele aporta em Pevensey, lugar onde desembarcara um conquistador. No inconsciente de Freud está alerta um demônio que, astuciosamente, desloca sempre mais para lá a meta da viagem. É uma questão de conquista, mesmo que aparentemente se trate de chegar à "bela, livre e magnânima Inglaterra". E mais um outro respiro:

"Agora vivo aqui como hóspede bem aceito, dando um suspiro de alívio porque ... posso novamente falar e escrever – estava quase dizendo: pensar – como quero ou devo."

Londres, 1938

AUDÁCIA AINDA

Em 6 de junho chegam a Victoria Station. Freud revê Londres depois de várias décadas. Viverá nesta cidade quase um ano e meio. Fica surpreso ao ver que, nos jornais diários, sua chegada é amplamente divulgada e considerada uma notícia de relevo. Ele é descrito como um personagem popular. Nem três dias depois da chegada, está maravilhado por ter recebido inúmeras cartas: "Uma horda de caçadores de autógrafos, tolos, loucos, pessoas devotas que me mandam opúsculos e evangelhos, que querem salvar minha alma, indicar-me o caminho de Cristo, iluminar-me sobre o futuro de Israel ... . Em poucas palavras, pela primeira vez, no final da vida, aprendi o que significa a fama."

Entre aqueles que vão encontrá-lo está o antropólogo Malinowski, Chaim Weizmann (presidente da Agência Hebraica londrina), Nandor Fodor (o primeiro pesquisador do Instituto para as Pesquisas Psíquicas), a neta de seu velho companheiro de estrada Breuer, Charles Singer (historiador da medicina e das ciências), Salvador Dalí. Vão visitá-lo também os secretários da Royal Society, levando-lhe o registro de inscrição para que assine. Levar o registro em casa para a assinatura era uma honra concedida apenas a reis e príncipes, embora Freud confesse em seguida a Arnold Zweig que se tratava apenas de um fac-símile. Mesmo assim, ele comenta: "Ao lado das assinaturas de grandes homens, de Newton a Darwin, estou em boa companhia."

Depois de algumas poucas semanas retoma o trabalho. Começa a redigir o *Esboço*, marcando página após página com a data diária.

No outono do mesmo ano, empenha suas energias na conclusão do estudo sobre *Moisés e o monoteísmo*. "Trabalho uma hora por dia no meu Moisés, que me atormenta como um fantasma irrequieto." Está como que arrebatado por uma extrema urgência: "Assim que cheguei à Inglaterra, experimentei a tentação irresistível de tornar acessível aos outros a minha refreada sabedoria e comecei a rever a terceira parte de meu estudo para juntá-la às duas já publicadas." Contudo, a sua não mais "refreada sabedoria", se de um lado comporta uma audácia, de outro deixa aflorar, por vezes, uma nuance de remorso em relação aos judeus: "Não é que ofenda de propósito os meus companheiros de estirpe. Mas que posso fazer? Durante toda a minha vida, não fiz senão me pronunciar a favor do que considerava ser a verdade científica. Não posso fechá-la com um ato de abjuração." O ensaio é publicado em março de 1939.

Entrementes, em janeiro do mesmo ano manifesta-se uma nova tumescência na cavidade oral. No prazo de poucos meses, Freud não é mais auto-suficiente. No início de setembro, as sirenes do alarme aéreo aterrorizam Londres pela primeira vez. Em 21 de setembro, Freud dirige-se a seu médico Max Schur, recordando-lhe um "antigo pacto": "Agora não é senão tortura e não tem sentido que eu viva ainda. Diga isso a Anna." Schur relata: "Quando entrou em agonia, injetei-lhe dois centigramas de morfina. Logo sentiu o alívio e mergulhou em um sono sereno. A expressão de dor desapareceu. Freud, que já esgotara todas as suas energias, entrou em coma e não despertou mais. Morreu às três da tarde de 23 de setembro de 1939."

Londres é a cidade em que Freud decide, depois de reconsiderações e hesitações, escrever o terceiro ensaio sobre *Moisés e o monoteísmo*. É, portanto, a cidade onde o exílio se transforma em audácia. Mas não se trata de uma superação da condição de exilado. Depois de aportar na psicanálise, o que estimula Freud a prosseguir a aventura é a sensação de que sua cidade não é fundável de uma vez por todas. A audácia deveria ficar situada naquele ponto onde as certezas vacilam, onde a abordagem parece incompleta, onde a meta do itinerário parece afastar-se em um jogo de miragens.

Seu cenário intelectual é comparável a uma situação que ele mesmo descreverá em 1919, no ensaio *O estranho*: "Quando nos perdemos em uma floresta montana, talvez supreendidos pela neblina, apesar de todos os esforços para chegar a uma estrada conhecida retornamos sempre ao mesmo lugar, marcado por uma determinada conformação." Ou então: "Procede-se às apalpadelas em um aposento desconhecido, mergulhado na escuridão, buscando uma porta ou um interruptor, e nessa busca esbarra-se pela enésima vez no mesmo móvel." Em seu itinerário Freud esbarrara várias vezes no mesmo nome: Moisés. "Perseguiu-me durante toda a minha vida", declara em 1935.

A figura de Moisés, sua empresa, sua origem egípcia e o próprio fato de que, além de ser "tardo de fala", falasse uma outra língua, transformam-se em um "fantasma irrequieto". Repassemos a história. Em 1924 decidira publicar, retirando o anonimato, *O Moisés de Michelangelo*, cuja redação remontava a dez anos antes. Depois de alguns anos recomeça a escrever e reescrever diversas anotações relativas a Moisés, com correções, variantes e modificações. Os três ensaios que compõem *Moisés e o monoteísmo* são escritos entre 1934 e 1938, quando na Áustria o nazismo já condenava abertamente o judaísmo. Em 1934 anuncia que quer escrever um "romance histórico" e observa: "Contudo, se eu, que não sou nem um pesquisador de história nem um artista, defino um de meus trabalhos como 'romance histórico', isso significa que este termo permite também um outro sentido. Fui educado para a observação acurada de um determinado âmbito de fenômenos, e para mim à elaboração literária e à invenção artística liga-se facilmente o erro. Minha intenção mais próxima era adquirir um conhecimento da pessoa de Moisés ... ." E mais adiante: "Meu trabalho, tão continuado, deveria se juntar às teses que coloquei por escrito, lá se vão 25 anos, em *Totem e tabu*. Mas não penso que terei ainda a força para semelhante empresa."

Somente em Londres, em terra estrangeira e com a convicção de que estava livre de condicionamentos externos, Freud decide-se a retomar o trabalho sobre o antigo tema de Moisés. E, de fato, as Advertências que precedem o terceiro ensaio trazem datas diferentes: "Viena, antes de março de 1938" e "Londres, junho de 1938". Nesta última lança um desafio irrenunciável: "Com a audácia de quem tem pouco ou nada a perder, preparo-me para romper pela segunda vez uma proposição bem fundada e dar seqüência aos dois ensaios sobre Moisés, a retida parte final." Neste terceiro ensaio, de título *Moisés, o seu povo e a religião monoteísta*, Freud retoma, de onde os tinha deixado, os temas expostos em *Totem e tabu*: a questão do parricídio, "o período de latência", o mito do assassinato do pai, a relação entre os irmãos. Elabora a fantasia do "pecado original": "Tratava-se de um delito contra Deus que só poderia ser expiado com a morte. Com o pecado original a morte vem ao mundo. Esse delito que merece a morte foi, de fato, o assassinato do pai primeiro, em seguida deificado. Mas não se recordava o assassinato e se fantasiava antes a sua expiação, e por isso essa fantasia podia ser saudada como mensagem de redenção (Evangelho). Um filho de Deus se deixara matar inocente e, ao fazê-lo, tomou sobre si a culpa de todos."

A leitura freudiana do judaísmo como religião do povo eleito e do cristianismo como aquela do Filho é entremeada por um amor pela verdade. "Se Moisés foi esse primeiro Messias, então Cristo torna-se o seu substituto e sucessor." E mais adiante: "O pobre povo hebraico, que continuou, com a costumeira obstinação, a renegar o assassinato do pai, expiou gravemente por isso no decorrer dos séculos. Nunca cessaram de lançar-lhe na cara: 'Mataste o nosso Deus.' Reproche correto, se traduzido corretamente. Relacionado à história da religião, soa assim: 'Vocês não querem admitir que mataram Deus.' E deveriam fazer uma declaração suplementar: 'Certo, nós também o fizemos, mas nós o admitimos e, a partir daí, fomos absolvidos'." Notável – nessas palavras que, mais uma vez, enfatizam uma questão de justiça psíquica – a correlação entre a estrutura da admissão e aquela do sentimento de culpa. Relevantes também as considerações sobre as civilizações mediterrâneas: "O sentimento de culpa daquela época já não se limitava mais ao povo hebraico, mas, como um sombrio mal-estar, aferrara todos os povos do Mediterrâneo, quase um presságio de infortúnio cujo fundamento ninguém sabia indicar." Em sua pesquisa, Freud é quase levado a tentar uma interpretação do ódio reservado a seu próprio povo: "Os motivos mais profundos do ódio pelos judeus estão radicados no passado mais remoto, agem no inconsciente dos povos e não há do que se espantar se parecem inacreditáveis. Arrisco a afirmação de que a inveja do povo que se colocou como filho primogênito e preferido do Pai divino não foi superada até hoje pelos outros povos, quase como se tivessem dado fé a tal pretensão." Freud é também um fino leitor dos acontecimentos do próprio tempo: "O ódio pelos judeus é, no fundo, ódio pelos cristãos, e não há do que se maravilhar se na revolução nacional-socialista alemã esta íntima relação entre as duas religiões monoteístas encontra uma expressão tão clara no tratamento reservado a ambas."

Ao longo dessas considerações, que brotam de quarenta anos de pesquisa e reflexão, Freud admite com surpreendente humildade "a total ignorância sobre a natureza dinâmica dos processos psíquicos". "Respostas exaustivas para tais enigmas não se pode, razoavelmente, nem pretender nem admitir." Fala de um "saber originário" que ele tenta aproximar da origem e da história do monoteísmo. Em suas conjecturas, cita Schiller: "Aquilo que é destinado a viver imortal no canto, deve perecer na vida."

Se a chegada de Freud a Londres foi saudada com cordialidade, estima e simpatia, a publicação do terceiro ensaio sobre *Moisés e o monoteísmo* suscitou desconfiança e frieza. Freud não se preocupa com isso: "Há coisas que devem ser ditas mais de uma vez e que ninguém nunca dirá o suficiente. Mas deve ser o leitor a decidir livremente se evita o tema ou volta a ele." Este terceiro ensaio, talvez por ter sido pensado como "romance histórico", é índice de uma instância de verdade. Nas entrelinhas – quase não percebemos – Freud fala de si, de seu trabalho de pesquisa e do itinerário empreendido, de modo impessoal: "A capacidade criativa do autor não caminha par a par com sua vontade; o trabalho sai como pode e muitas vezes coloca-se diante do autor como uma coisa independente, até mesmo estranha."

A cidade da psicanálise não garante de uma vez por todas uma cidadania. É como uma fronteira aberta, uma ponte que permite passagens e trocas, um aportar que exige outras empresas, uma audácia que se confronta com o incomensurável. Nesse último texto, o próprio Freud é testemunha disso: "Valor de realidade, não possui nenhum, ou ele é apenas indeterminável, pois uma verossimilhança, por elevada que seja, não coincide com a verdade."

Nesse ponto, a geografia originária do itinerário freudiano aparece como uma verossimilhança que ainda "não coincide com a verdade". É uma sorte que assim seja. Cada um, de fato, pode partir com um mapa próprio e penetrar, como escreve Brodsky, "lá onde ninguém nunca esteve antes dele, mais longe, talvez, do que ele próprio teria desejado".

BIBLIOGRAFIA

Estão aqui listados os livros aos quais é feita uma referência explícita nos vários capítulos e alguns textos que constituíram, direta ou indiretamente, material de pesquisa e de reflexão. A lista, não-exaustiva, não se atém, propositalmente, a um critério de homogeneidade.

Para os textos de Sigmund Freud e sua correspondência com Wilhelm Fliess, Georg Groddeck, Carl Gustav Jung, Martha Bernays, Oscar Pfister, Lou Andreas-Salomé e Eluard Silberstein, remetemos à *Obras* e aos volumes de cartas publicados pelo editor Bollati Boringhieri.

AA.VV. *Anima e esattezza. Letteratura e scienza nella cultura austriaca tra '800 e '900*, Gênova, Marietti, 1983.

AA.VV. *Dibattiti della società psicoanalitica de Vienna. 1906-1908*, Turim, Boringhieri, 1973.

AA.VV. *Il tempo del transfert*, Milão, Guerini e Associati, 1989.

AA.VV. *La cultura psicoanalitica*, Pordenone, Studio Tesi, 1987.

AA.VV. *La questione laica. Ragione legislatrice freudiana e ordini civili*, Milão, Sipiel, 1991.

ACCERBONI, Anna Maria. "Intervista su Edoardo Weiss", *Agalma* nº 3, "Sessualità e razzismo", Milão, Arcadia, 1990.

ANDREAS-SALOMÉ, Lou. *Il mio ringraziamento a Freud*, Turim, Boringhieri, 1984. [Ed. bras.: *Carta aberta a Freud*, São Paulo, Landy, 2001.]

ASSOUN, Paul-Laurent. *Introduzione all'epistemologia freudiana*, Roma, Theoria, 1988.

BADIOU, Alain. *Conditions*, Paris, Seuil, 1992.

BENEVOLO, Leonardo. *La città nella storia d'Europa*, Bari, Laterza, 1993.

BENJAMIN, Walter. *Immagini di città*, Turim, Einaudi, 1971.

Bettelheim, Bruno. *Freud e l'anima dell'uomo*, Milão, Feltrinelli, 1983. [Ed. bras.: *Freud e a alma humana*, Cultrix, São Paulo, 2000.]

____. *La Vienna di Freud*, Milão, Feltrinelli, 1990.

Berthelsen, Detlef. *Vita quotidiana in casa Freud*, Milão, Garzanti, 1990.

Blumenberg, Hans. *L'Ansia si specchia sul fondo*, Bolonha, Il Mulino, 1989.

____. *Naufragio con spettatore*, Bolonha, Il Mulino, 1985.

Borradori, Giovanna. *Il pensiero post-filosofico. Percorsi e figure della nuova teoresi americana*, Milão, Jaca Book, 1988.

Bourdieu, Pierre. *La parola e il potere*, Nápoles, Guida, 1988.

Brodsky, Joseph. *Dall'esilio*, Milão, Adelphi, 1988.

Caillois, Roger. *I demoni meridiani*, Turim, Bollati Boringhieri, 1988.

Calvino, Italo. *Le città invisibili*, Turim, Einaudi, 1972. [Ed. bras.: *As cidades invisíveis*, São Paulo, Companhia das Letras, 1990.]

Charcot, Jean-Martin. *Lezioni alla Salpetrière*, Milão, Guerini e Associati, 1989.

Civita, Alfredo. *Saggio sul cervello e la mente*, Milão, Guerini e Associati, 1994.

Clair, Jean. *Medusa. L'orrido e il sublime nell'arte*, Milão, Leonardo, 1992.

Clark, Ronald. *Freud*, Milão, Rizzoli, 1983.

Cocks, Geoffrey. *Psicoterapia nel Terzo Reich*, Turim, Bollati Boringhieri, 1988.

Coleridge, Samuel Taylor. *Il senso del sublime*, Milão, Mondadori, 1987.

Contri, Giacomo. *Leggi. Ambiti e ragione dell'inconscio*, Milão, Jaca Book, 1989.

Cuisenier, Jean. *Etnologia dell'Europa*, Milão, Il Saggiatore, 1994.

Dal Lago, Alessandro e Pier Paolo Rovatti. *Per gioco*, Milão, Raffaello Cortina, 1993.

David, Michel. *La psicoanalisi nella cultura italiana*, Turim, Bollati Boringhieri, 1990.

Eliade, Mircea. *I riti del costruire*, Milão, Jaca Book, 1990.

Fachinelli, Elvio. *La mente estatica*, Milão, Adelphi, 1989.

Ferenczi, Sándor. *Diario clinico*, Milão, Raffaello Cortina, 1988. [Ed. bras.: *Diário clínico*, São Paulo, Martins Fontes, 1990.]

Fiumanò, Marisa. *Un sentimento che non inganna*, Milão, Raffaello Cortina, 1991.

Focchi, Marco e Barbui Amelia. *Dovunque altrove*, Milão, Guerini e Associati, 1990.

Forrester, John. *Le seduzioni della psicoanalisi. Freud, Lacan e Derrida*, Bolonha, Il Mulino, 1993.

Foucault, Michel. *Nascita della clinica*, Turim, Einaudi, 1969. [Ed. bras.: *O nascimento da clínica*, Rio de Janeiro, Forense Universitária, 2004.]

Funari, Enzo (org.). *Il doppio. Tra patologia e necessità*, Milão, Raffaello Cortina, 1986.

Gay, Peter. *Freud. Una vita per i nostri tempi*, Milão, Bompiani, 1988. [Ed. bras.: *Freud: Uma vida para nosso tempo*, São Paulo, Companhia das Letras, 1989.]

____. *Un ebreu senza dio*, Bolonha, Il Mulino, 1987. [Ed. bras.: *Um judeu sem deus*, Rio de Janeiro, Imago, 1992.]

GRÜNBAUM, Adolf. *I fondamenti della psicoanalisi*, Milão, Il Saggiatore, 1988.

DEJOURS, Christophe. *Ricerche psicoanalitiche sul corpo*, Bolonha, Cappelli, 1991.

DERRIDA, Jacques. *Essere giusti con Freud*, Milão, Raffaello Cortina, 1994.

____. *Oggi l'Europa*, Milão, Garzanti, 1991.

GINZBURG, Carlo. "Spie. Radici di unparadigma indiziario", in AA. VV., *Crisi della ragione*, Turim, Einaudi, 1979.

GRUNFELD, Frederic. *Profeti senza onore*, Bolonha, Il Mulino, 1986.

HILLMAN, James. *Saggi sul puer*, Milão, Raffaello Cortina, 1988.

HOFMANNSTHAL, Hugo von. *L'Austria e l'Europa*, Gênova, Marietti, 1983.

HURWITZ, Siegmund. *Psiche e redenzione*, Florença, Giuntina, 1992.

JABÈS, Edmond. *Il libro dell'ospitalità*, Milão, Raffaello Cortina, 1991.

JESI, Bruno. *L'Accusa del sangue. Mitologie dell'antisemitismo*, Brescia, Morcelliana, 1993.

JONES, Ernest. *Vita e opere di Sigmundo Freud*, Milão, Il Saggiatore, 1973. [Ed. bras.: *Vida e obra de Sigmund Freud*, Rio de Janeiro, Imago, 1989.]

KLOSSOWSKI, Pierre. *La moneta vivente*, Milão, Mimesis, 1989.

KRAUS, Karl. *Detti e contradetti*, Milão, Adelphi, 1984.

KRISTEVA, Julia. *Stranieri a se stessi*, Milão, Feltrinelli, 1990. [Ed. bras.: *Estrangeiros para nós mesmos*, Rio de Janeiro, Rocco, 1994.]

KRUFT, Hanno-Walter. *Le città utopiche*, Bari, Laterza, 1991.

LACAN, Jacques. *I quattro concetti fondamentali della psicoanalisi, Seminario XI*, Turim, Einaudi, 1979. [Ed. bras.: *O Seminário, Livro 11: Os quatro conceitos fundamentais da psicanálise*, Rio de Janeiro, Jorge Zahar, 1985.]

____. *L'éthique de la psychanalyse. Le séminaire, Livre VII*, Paris, Seuil, 1986. [Ed. bras.: *O Seminário, Livro 7: A ética da psicanálise*, Rio de Janeiro, Jorge Zahar, 1988.]

____. *Radiofonia Televisione*, Turim, Einaudi, 1982. [Ed. bras.: "Radiofonia" e "Televisão", in *Outros escritos*, Rio de Janeiro, Jorge Zahar, 2003.]

____. *Scritti*, Turim, Einaudi, 1974. [Ed. bras.: E*scritos*, Rio de Janeiro, Jorge Zahar, 1998.]

LAPLANCE, J. e J.B. Pontalis. *Fantasma originario*, Bolonha, Il Mulino, 1989. [Ed. bras.: *Fantasia originária, fantasia das origens, origens da fantasia*, Rio de Janeiro, Jorge Zahar, 1988.]

LAVAGETTO, Mario. *Freud, la letteratura e altro*, Turim, Einaudi, 1985.

MAGRIS, Claudio. *Danubio*, Milão, Garzanti, 1986. [Ed. bras.: *Danúbio*, Rio de Janeiro, Rocco, 1992.]

MANN, Thomas. *Saggi, Schopenhauer, Nietzsche, Freud*, Milão, Modadori, 1980.

MANNONI, Octave. *Freud*, Bari, Laterza, 1982.

____. *L'analisi originaria*, Roma, Armando, 1973.

MASINI, Ferruccio. *La via eccentrica*, Gênova, Marietti, 1986.

____. *Lo scriba del caos*, Bolonha, Il Mulino, 1978.
Matvejevic, Predrag. *Breviario mediterraneo*, Milão, Hefti, 1987.
Meghnagi, David (org.). *Studi freudiani*, Milão, Guerini e Associati, 1989.
Musatti, Cesare. *Leggere Freud*, Turim, Bollati Boringhieri, 1989.
Mussapi, Roberto. *Tusitala. Verso l'isola del tesoro*, Milão, Leonardo, 1990.
Paz, Octavio. *Passione e lettura. Sul riso, il linguaggio e l'erotismo*, Milão, Garzanti, 1990.
Pirandello, Luigi. *L'umorismo*, Milão, Mondadori, 1986. [Ed. bras.: *O humorismo*, São Paulo, Experimento, 1996.]
Pound, Ezra. *Prove e frammenti*, Milão, Guanda, 1981.
Rilke, Rainer Maria. *Elegie duinesi*, Turim, Einaudi, 1978. [Ed. bras.: *Elegias de Duíno*, Rio de Janeiro, Globo, 2001.]
Saba, Umberto. *Lettere sulla psicoanalisi*, Milão, SE, 1991.
Schnitzler, Arthur. *Sulla psicoanalisi*, Milão, SE, 1987.
Scholem, Gershom. *Da Berlino a Gerusalemme*, Turim, Einaudi, 1988. [Ed. bras.: *De Berlim a Jerusalém*, São Paulo, Perspectiva, 1991.]
Seppilli, Anita. *Sacralità dell'acqua e sacrilegio dei ponti*, Palermo, Sellerio, 1990.
Sèrres, Michel. *Genesi*, Gênova, Il Melangolo, 1988.
____. *Passaggio a nord-ovest*, Parma, Pratiche, 1984.
Simmel, Georg. "Ponte e porta", in *Saggi di estetica*, Pádua, Liviana, 1970.
Sini, Carlo. *I segni dell'anima*, Bari, Laterza, 1989.
Vegetti Finzi, Silvia. *Storia della psicoanalisi*, Milão, Mondadori, 1986.
Vercelloni, Virgilio. *Atlante storico dell'idea del giardino europeo*, Milão, Jaca Book, 1990.
Weininger, Otto. *Delle cose ultime*, Pordenone, Studio Tesi, 1985.
Weiss, Edoardo. *Freud come consulente*, Roma, Astrolabio, 1970.
Winnicott, Donald. *Dal luogo delle origini*, Milão, Raffaello Cortina, 1990.

ÍNDICE DE CIDADES E LUGARES

Coleção Transmissão da Psicanálise

Linguagem e Psicanálise, Lingüística e Inconsciente
Freud, Saussure, Pichon, Lacan
Michel Arrivé

Fundamentos da Psicanálise De Freud a Lacan
vol.1: As bases conceituais
Marco Antonio Coutinho Jorge
(série especial)

Os Três Tempos da Lei
O mandamento siderante, a injunção do supereu e a invocação musical
Alain Didier-Weill

O Pai e sua Função em Psicanálise
Joël Dor

Freud & a Judeidade
A vocação do exílio
Betty Fuks
(série especial)

Clínica da Primeira Entrevista
Eva-Marie Golder

O Estranho Gozo do Próximo
Ética e psicanálise
Philippe Julien

Freud e a Sexualidade
O desvio biologizante
Jean Laplanche

Escritos Clínicos
Serge Leclaire

Introdução à Obra de Françoise Dolto
Michel H. Ledoux

Amor, Ódio, Separação
Maud Mannoni

Elas não Sabem o que Dizem
Virginia Woolf, as mulheres e a psicanálise
Maud Mannoni

O Nomeável e o Inominável
A última palavra da vida
Maud Mannoni

A Alucinação
e outros estudos lacanianos
J.-D. Nasio

Cinco Lições sobre a Teoria de Jacques Lacan
J.-D. Nasio

Como Trabalha um Psicanalista?
J.-D. Nasio

Os Grandes Casos de Psicose
J.-D. Nasio

A Histeria
Teoria e clínica psicanalítica
J.-D. Nasio

Introdução às Obras de Freud, Ferenczi, Groddeck, Klein, Winnicott, Dolto, Lacan
J.-D. Nasio (dir.)

Lições sobre os 7 Conceitos Cruciais da Psicanálise
J.-D. Nasio

O Livro da Dor e do Amor
J.-D. Nasio

O Olhar em Psicanálise
J.-D. Nasio

O Prazer de Ler Freud
J.-D. Nasio

Psicossomática
As formações do objeto *a*
J.-D. Nasio

Conversas com o Homem dos Lobos
Karin Obholzer

Sujeito e Singularidade
Ensaio sobre a construção da diferença
Olandina M.C. de Assis Pacheco

A Foraclusão
Presos do lado de fora
Solal Rabinovitch

Eros e Verdade
Lacan, Foucault e a questão da ética
John Rajchman

As Cidades de Freud
Itinerários, emblemas e horizontes de um viajante
Giancarlo Ricci

A Ética da Diferença
Um debate entre psicanálise e antropologia
Doris Rinaldi

A Força do Desejo
O âmago da psicanálise
Guy Rosolato

O Paciente, o Terapeuta e o Estado
Elisabeth Roudinesco

Pulsão e Linguagem
Esboço de uma concepção psicanalítica do ato
Ana Maria Rudge

As Dimensões do Gozo
Do mito da pulsão à deriva do gozo
Patrick Valas

Este livro foi composto pela Futura Editoração
em Minion e Optima e impresso pela
Cromosete Gráfica e Editora em maio de 2005.